广东实验中学校本教材（水平四）

校园足球

XIAOYUAN ZUQIU

曾静兰　陈志坚　胡学军 ◎主编

东北师范大学出版社

长　春

图书在版编目（CIP）数据

校园足球 / 曾静兰, 陈志坚, 胡学军主编. 一 长春:
东北师范大学出版社, 2019.3
ISBN 978-7-5681-5619-6

Ⅰ.①校… Ⅱ.①曾… ②陈… ③胡… Ⅲ.①足球运
动—初中—教学参考资料 Ⅳ.①G634.963

中国版本图书馆CIP数据核字（2019）第059257号

□策划创意：刘　鹏
□责任编辑：吴建宇　索玉葵　　□封面设计：姜　龙
□责任校对：刘彦妮　张小娅　　□责任印制：张允豪

东北师范大学出版社出版发行
长春净月经济开发区金宝街 118 号（邮政编码：130117）
电话：0431-84568033
网址：http://www.nenup.com
北京言之凿文化发展有限公司设计部制版
廊坊市金朗印刷有限公司印装
廊坊市广阳区廊万路 18 号（邮编：065000）
2022年6月第1版　2022年6月第1次印刷
幅面尺寸：170mm×240mm　印张：10　字数：160千

定价：45.00元

　　广东实验中学是首批全国校园足球特色学校，也是广州市校园足球推广学校。学校全面贯彻"健康第一"的指导思想，重视体育课堂教学改革，抓普及，促提高，求发展，推动了学校体育工作的开展。学校组织丰富的足球活动，如足球班级联赛、师生

足球友谊赛、校友足球友谊赛等，以丰富多彩的活动营造浓厚的校园足球氛围，以浓厚的校园足球氛围促进校园足球理念的普及，切实加强体育与健康课程改革。

　　初中部校园足球的开展主要是以学生足球社团为主体，从2015年9月开始，在初一年级开设校园足球校本选修课，聘请专业教练上课，提高教学质量，促使学生积极参与并投入足球运动中。2017年9月18日，初中足球队开始组队，队员勤学苦练，并通过校内外的足球联谊比赛，以赛促练，提高技术、战术水平和能力。

　　根据《新课标》的精神和理念，广东实验中学多维度关注学生的全面发展，让学生在学习运动技能的同时，形成健康的人生观。笔者结合本校的实际，编写了适合本校特点的足球校本教材，内容主要包括足球常识、基本技术、战术、日常的足球教学活动、足球基本规则等，充分反映了本校校园足球活动的特色。其宗旨是通过足球教学与活动，凸显"玩中学、学中玩"，以趣味性足球游戏吸

引学生参与，让学生以愉快的心情学习各种足球技术，在参与中促智、追美，达到身心健康，从而培养学生健康的兴趣、爱好和习惯。

在编辑此书过程中，得到了广东实验中学领导的关心，体育科同事的支持，体育同行的指点，学生家长的积极帮忙——拍摄、修剪照片，足球队队员的友情演出，在此一并感谢。由于时间仓促，水平有限，本书难免有不足的地方，请广大读者提出改进意见。

本书部分文字和图片来自网络。

编者

2018年10月

目 录

第八章　足球运动量监测与运动保护

第九章　校园足球政策文件

附 录

第一章

了解足球运动

第一节　足球运动的发展

一、古代足球运动的萌芽与发展

据说，希腊人和罗马人在中世纪以前就已经开始一种足球游戏了。他们在一个长方形的场地上，将球放在中间的白线上，用脚把球踢滚到对方的场地上，当时称这种游戏为"哈巴斯托姆"。然而众多的资料表明，足球最早起源于中国——战国时期的蹴鞠就是足球的起源。在汉代，蹴鞠是训练士兵的一种手段，具有较为完备的体制。经过汉代的初步发展，唐宋时期，蹴鞠活动十分盛行，甚至出现了按照场上位置分工的踢法，元明时期，蹴鞠活动发展到高潮，但到了清代，这项活动却走向衰落。

二、现代足球运动的诞生和发展

从17世纪中后期开始，足球运动逐步从欧美传到世界各国，尤其是在一些文化发达的国家更为盛行。1863年10月26日，英格兰人在伦敦皇后大街弗里马森旅馆成立了世界上第一个足球协会——英格兰足球协会，并制定足球规则。英格兰足球协会的诞生，宣告了现代足球运动的诞生，标志着足球运动的发展进入一个崭新的阶段。

从1900年的第2届奥运会开始，足球被列为奥运会正式比赛项目，但它不允许职业运动员参加。1904年5月21日，国际足球协会联合会（简称国际足联，英文缩写为FIFA）在法国巴黎成立。1904年，英国、法国、荷兰、比利时、西班牙、瑞典和瑞士七个国家的足球协会在法国成立了国际足球联合会。1930年起，每4年举办一次世界足球锦标赛（又称世界杯足球赛），比赛取消了对职业运动员的限制。1989年，国际足联正式把五人制足球纳入管理范围，成为其主管团体。

第二节 当今足球重要赛事

一、国际足球重要赛事

1. 世界杯（FIFA World Cup）

国际足联世界杯，简称世界杯，是由国际足球联合会统一领导和组织的世界性的足球比赛。每届比赛从预赛到决赛前后历时3个年头，它是世界上规模、影响最大、水平最高的足球比赛。1928年奥运会结束后，国际足联召开代表会议，一致通过决议，举办四年一次的世界足球锦标赛。1929年3月，巴塞罗那会议投票选举乌拉圭为首届世界杯的主办国，这是足球传奇的开始。迄今为止，夺冠次数最多的为巴西队，共夺得5次世界杯冠军。2018年世界杯足球赛于2018年6月14日至7月15日在俄罗斯举行，法国队夺得冠军。

图1-2-1为2018年世界杯冠军法国队。

图1-2-1

2. 欧洲足球锦标赛（European Football Championship）

欧洲足球锦标赛，简称欧洲杯或欧锦赛。是一项由欧洲足球协会联盟举办，欧洲足协成员国间参加的最高级别的国家级足球赛事，于1960年举行第一届，其后每四年举行一届，是与世界杯齐名的国际赛事。迄今为止，夺冠次数最多的为德国队和西班牙队，分别夺得三次欧洲杯冠军，2016年欧洲杯冠军为葡萄牙队。

图1-2-2为2016年欧洲杯冠军葡萄牙队。

图1-2-2

3. 美洲杯（Copa America）

美洲杯足球赛诞生于1916年，是美洲亦是全世界历史最悠久的足球赛事。比赛由南美足球协会主办，开始时每年举办一次，27年后不定期举办，1959年改为每四年举办一次，至2016年，美洲杯比赛共举行过45次。历史上成绩最好的队是乌拉圭队，共获15次美洲杯冠军；其次是阿根廷，14次夺冠；而巴西则8次夺冠。

图1-2-3为2016年美洲杯冠军智利队。

图1-2-3

4. 亚洲杯（AFC Asian Cup）

亚足联亚洲杯足球赛，简称亚洲杯，是由亚洲足球联合会举办的国际性成年男子足球队比赛，每四年举办一届。2019年亚洲杯足球赛中，卡塔尔队战胜日本队，夺得冠军。

图1-2-4为2015年亚洲杯冠军澳大利亚队。

图1-2-4

5. 奥运会

从1900年第2届奥运会起，足球被列为正式比赛，国际足球联合会规定，允许参加过世界杯赛的职业运动员参加，奥运会足球运动员年龄限制在23岁以下，每队允许有3名超龄球员。

图1-2-5为2016年巴西奥运会男足冠军巴西队。

图1-2-5

6. 国际足联U–20世界杯（FIFA U–20 World Cup）

国际足球U–20世界杯，又称为世青赛或世青杯，是20岁以下男子的国际足联世界青年足球锦标赛，由国际足球联合会主办。1977年在突尼斯举行首届世青赛。此后的每个奇数年份举行比赛。2017年世青赛冠军由英格兰队获得。

图1–2–6为2007年世青赛冠军阿根廷队。

图1–2–6

7. U–17世界杯（FIFA–17 World Cup）

U–17世界杯，全称为国际足联U–17世界杯，又称为世少赛。这是由17岁以下国家队参加的男子足球锦标赛，国际足球联合会（FIFA）负责举办。首届赛事于1985年在中国举行，每两年举行一届。由洲际少年比赛选出24个优秀球队参赛。2017年世少赛冠军为英格兰队。

二、足球职业联赛

1. 中国足球协会超级联赛（Chinese Football Association Super League）

中国足球协会超级联赛是由中国足球协会组织的，中国大陆地区最高级别的足球职业联赛，简称中超（CSL）。该联赛开始于2004年，前身为中国足球甲级A组联赛。第一届有12支球队参加，前两届暂停降级制度，于2006年恢复升降级制度。2012年，是中国足球职业化的第19个年头，之后步入金元时代，参赛球队16支，每年3月–11月举办。2018年中超冠军为上海上港队。

图1-2-7为2016年中超冠军广州恒大队。

图1-2-7

2. 英格兰足球超级联赛（Premier League）

英格兰足球超级联赛，简称英超联赛，是英格兰足球总会属下的最高等级职业足球联赛，其前身是英格兰足球甲级联赛，共有20支球队参赛。

图1-2-8为2015—2016年英超联赛冠军莱斯特城足球俱乐部。

图1-2-8

3. 西班牙足球甲级联赛（La Liga）

西班牙足球甲级联赛，简称西甲联赛，是西班牙最高等级的职业足球联赛，是西班牙足球协会属下的最高等级联赛，现有20支参赛球队。成立于1929年，也是欧洲及世界最高水平的职业足球联赛之一。2017—2018赛季冠军为巴塞罗那足球俱乐部

图1-2-9为2017—2018年西甲联赛冠军巴塞罗那足球俱乐部。

图1-2-9

4. 德国足球甲级联赛（Bundesliga）

德国足球甲级联赛，简称德甲联赛，是德国最高等级的俱乐部赛事，是德国足球协会属下的最高等级赛事，共有18支球队参赛，成立于1962年。

图1-2-10为2017—2018年德甲联赛冠军拜仁慕尼黑足球俱乐部。

图1-2-10

5. 意大利足球甲级联赛（Serie A）

意大利足球甲级联赛，简称意甲联赛，是意大利最高等级的职业足球联赛，由意甲联盟主办，共有20支球队参赛。

图1-2-11为2017—2018年意甲联赛冠军尤文图斯足球俱乐部。

图1-2-11

6. 法国足球甲级联赛（Ligue 1）

法国足球甲级联赛，简称法甲联赛，是法国最高级别的职业足球联赛，由法国职业足球联盟主办，共有20支球队参赛。

图1-2-12为2017—2018年法甲冠军巴黎圣日耳曼足球俱乐部。

图1-2-12

此外，还有葡萄牙足球超级联赛、俄罗斯足球超级联赛、乌克兰足球甲级联赛、荷兰足球甲级联赛等，208个FIFA成员国均有国内最高级别联赛。

7. 欧洲冠军联赛（UEFA Champions League）

欧洲冠军联赛，简称欧冠联赛，是欧洲足球协会联盟主办的年度足球赛事，代表欧洲俱乐部足球最高荣誉和水平，亦是世界上奖金最高的体育赛事之一，诞生于1954年。

图1-2-13为2017—2018赛季欧冠联赛冠军西班牙皇家马德里足球俱乐部。

图1-2-13

此外，还有其他各洲足球联赛，如南美解放者杯（Copa Libertadores）、亚洲冠军联赛（AFC Champions League）、非洲冠军联赛（CAF Champions League）、北美洲冠军联赛（CONCACAF Champions League)、大洋洲冠军联赛（OFC Champions League）等。

8. 世俱杯（FIFA Club World Cup）

世俱杯，全称为国际足联俱乐部世界杯，这是一项由国际足联主办，六大洲最顶级的球队共同参与的国际性足球锦标赛。

图1-2-14为2018年世俱杯冠军西班牙皇家马德里足球俱乐部。

图1-2-14

9. 亚冠联赛（AFC Champions League）

亚冠联赛，全称为亚足联冠军联赛，亦称亚洲冠军联赛，简称亚冠或亚冠联赛。首届赛事于2002年举行。其前身为亚洲俱乐部锦标赛（Asian Champion Club Tournament）和亚洲优胜者杯（Asian Cup Winners' Cup）。2009赛季，亚冠联赛进行改制，参赛队数增加至32队，并且收窄参赛国家数目，只有亚洲联赛排名最高的11位才能参赛。该联赛每年一届，2018赛季冠军为鹿岛鹿角足球俱乐部。

图1-2-15为亚冠联赛标志。

图1-2-15

三、校园足球比赛

1. 全国青少年校园足球冠军杯赛

全国青少年校园足球冠军杯赛是由全国青少年校园足球工作领导小组办公室主办、国家奥林匹克体育中心承办的全国青少年校园足球计划中最高级别的赛事。于2012年开始首届比赛。

图1-2-16为2015年全国青少年校园足球冠军杯赛初中组冠军新疆队。

图1-2-16

2. 广东省"省长杯"足球联赛

广东省"省长杯"足球联赛是由广东省体育局、广东省教育厅主办，广东省足球协会、广东省学生体育艺术联合会承办的省级赛事。

图1-2-17为2016年广东省"省长杯"（高中组）冠军队深圳实验学校高中部。

图1-2-17

3. 广州市青少年足球赛

广州市青少年足球赛是由广州市体育局和教育局主办，广州市足协承办的市级赛事。

4. 区级校园足球联赛

区级校园足球联赛是由区教育局和文广新局（体育局）联合主办的校园足球联赛。

第二章

校园足球与体育核心素养

党的十八大以来，我国明确了要把立德树人作为教育事业改革与发展的根本任务。教育部于2014年印发了《关于全面深化课程改革落实立德树人根本任务的意见》，首次明确提出"核心素养体系"这一概念。体育核心素养是指学生通过学校体育或参加日常身体锻炼，形成终身体育锻炼、符合和适应社会发展需求的体育特殊品格和关键能力，主要包括"运动能力、健康行为、体育品德"等方面的内容体系，集中反映了学生在进行体育活动时表现出来的"知识、技能和态度等的综合表现"多个维度。

足球运动是世界上开展最广泛、影响最大且最受欢迎的运动之一，随着校园足球的开展，越来越多的学生主动参与到足球运动中来。通过校园足球的开展，发挥足球运动在青少年学生中独特的魅力和综合教育功能，发展学生体育与健康核心素养，带动校园体育运动以及"阳光体育运动"的进一步发展。

第一节　校园足球阐释体育核心素养

体育学科核心素养的培养有利于学生培养运动习惯、提高运动技能、加强社会交际、自主健身等，还能提高其自主锻炼的能力，使学生终身受益。在校园足球活动过程中，体育核心素养主要表现在以下几个方面：

一、运动能力

运动能力是体能、技术、战术能力和心理能力等在身体活动中的综合表现，是人类身体活动的基础。指学生能够运用所学的足球运动知识、技能和方法，组织和参加足球比赛活动，提高体能与足球运动技能水平，掌握和运用足球项目的裁判知识和规则，提高分析问题和解决问题的能力；能够独立制订和实施体能锻炼计划，并对练习效果做出合理评价；了解国内外的重大足球赛事和重大足球事件，具有足球运动欣赏能力。

二、健康行为

健康行为是增进身心健康和积极适应外部环境的综合表现，是改善健康状况并逐渐形成良好生活方式的关键。表现为：学生能够积极主动参与校内外的体育锻炼，掌握科学的锻炼方法，逐步形成锻炼习惯，掌握健康技能，学会健康管理；情绪稳定，包容豁达、乐观、开朗，善于交往合作，适应自然环境的能力强；关注健康，珍爱生命，热爱生活，养成良好的生活方式，改善身心健康状况，提高生活和生存能力。

三、体育品德

体育品德是指在体育运动中应当遵循的行为规范以及形成的价值追求和精神风貌，对维护社会规范、促进社会风尚具有积极作用。表现为：学生在体育与健康学习中自我努力，自我修炼，通过艰苦的训练和激烈的比赛，做到自尊自强，主动克服困难，具有勇敢顽强、积极进取、挑战自我、追求卓越的精神以及远大的理想抱负；能够正确看待足球比赛的结果，胜不骄，败不馁；胜任足球运动角色，遵守规则，尊重他人，具有公平竞争的意识和行为。

青少年的道德观养成（见图2-1-1）可分为三个阶段：前期是避罚服从取向和相对功利取向；中期是寻求认可取向和顺从权威取向；后期是社会契约取向和普遍伦理取向。

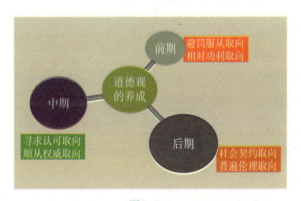

图2-1-1

"寓德于体，以体育德"是现代体育和德育的方向和目标（价值观）（见图2-1-2），体育与德育是一个有机的结合体。它们之间是相互联系、相互促进

的，对学生进行道德和意志品质的教育，既是学校的任务，也是体育的任务，在整个教育过程中相互联系，彼此渗透。

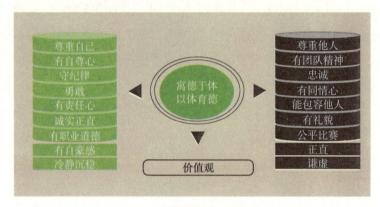

图2-1-2

第二节　校园足球对学生体育核心素养的培养

一、体育与健康课程中足球的教学

（一）体育与健康课程标准理念的解读

1. 立德树人，健康发展

通过教育者的教育行为，引导学生在感知和感悟中得到发展，着力于激发学生的求知欲、求技欲，在教学过程中发展学生的核心素养。学生除了要掌握基本的足球技术、战术，增强体质以外，还要培养社会适应能力、沟通能力、合作能力、抗挫折能力和规则意识，以全面提高自身的综合素养。

2. 发展爱好，培养专长

教学中，其主要措施如下：

第一，用兴趣激发学生自主发展，形成健康的生活习惯。兴趣是最好的老师，学生只有对体育课产生兴趣，才能更好地落实自主发展，学会健康生活。

第二，用自我管理落实责任担当与实践创新，《新课程标准》以学生发展为中心，给学生创设发展的空间，让学生学会自主学习、自我锻炼、自我管理和自我评价。

总之，发展学生爱好，培养学生专长，帮助学生在体验中成就良好修养，在参与中学会担当、努力中学会学习、品味中获得人文底蕴、感悟中获得健康成长。

3. 多元评价，激励学习

在评价主体方面，提倡以教师为主，引导学生积极开展自评和互评；在评价内容方面，重视对学生的运动能力、健康行为和体育品德的综合评价，以促进学生更好地达成课程目标和形成体育核心素养。

（二）课堂教学提示

1. 游戏教学法

教学中设计与教学内容相适应，并为主教材服务的游戏，以提高学生的足球技术、战术能力，同时在游戏中，让学生感受足球技术、战术的运用与技巧，提高其学习的积极性和主动性。例如，在进行足球技术教学中可采用"穿裆射门比赛""网式足球""局域多点抓大头""射准比赛"等游戏；在进行足球战术教学时可采用"以多打少攻防练习""限定触球次数比赛""限定最少传球比赛"等。

2. 竞赛教学法

在足球实践教学中，多数学生认为足球就是比赛，所以在教学中应积极利用学生渴望踢比赛的这种热情，通过竞赛的形式让学生体验足球的乐趣。例如，在学生足球技术动作的巩固阶段，可以将学生与学生之间、组与组之间的单个动作或串连动作的比赛结合起来，在协同与对抗环境中激发其学练兴趣和探究欲望，必要时通过3打3、4对4的教学方式开展比赛。在采用竞赛教学法时，教师可以根据教学内容，对比赛的方式、规则进行拓展和创编，灵活设计一些比赛，以适应教学内容。例如，在传接球教学中，可以将进球胜负改变为完成传接球次数的方法；在战术教学比赛中，可以挑选足球意识和技术较好的学生为攻防的策应队员，为攻防双方接应，以有效完成战术配合。在学生的足球技术达到一定程度后，为了让学生形成整体的配合意识，可以采用班级内的足球对抗赛，将竞争机制引入教学，达到以赛促练的目的。既让学生体验"拼搏向上"的精神，又要让学生懂得"友谊第一"的道理。学生在竞赛中，"每一秒都要争一争"的精神正是学生核心素养的体现。

3. 分层教学法

学生的个体差异较大，分层教学法是根据学生的差异，设置不同的教学目标，让每一个学生都能受益。例如，足球原地的练习改变为行进间，踢定位球改变为踢移动球，传接球的远度逐渐增大，等等。同样，在"以赛代练"的教学中也要注意学生的个体差异，多采用分层比赛。例如，技术较好的学生采用小场地比赛，技术较差的学生可以结合具体的足球技术开展基本技术的比赛，如足球脚背运球接力、局域多点抓大头等。

4. 信息技术法

在足球教学中，可以通过足球宣传片，让学生感受足球的艺术与美，感受足球的魅力，进而喜欢足球、热爱足球；在技术教学中，让学生欣赏足球明星的停球、传球、射门，可以让学生建立正确的足球技术动作概念。如在教学"撞墙式二过一配合"技术时，就可以采用多媒体播放视频或者PPT幻灯片一张张地展现给学生，并将传球、接应以及足球的行进路线都清楚地标明，学生就会对"撞墙式二过一配合"有直观的感受；在足球越位教学中，很多学生对在进攻队员传球的瞬间，球与球门之间不能少于2名防守队员等相关知识了解不到位，针对这一现象，可以通过越位的图片和视频，配合"暂停""慢放"等方式，可以让学生一看就懂，一看就会，教学的重难点也就很容易突破了。

5. 合作教学法

在足球教学中，可以将足球的技术教学分为若干个单元，如脚内侧运球、脚内侧踢球、脚背正面运球、脚外侧运球、颠球等单元，将学生按照身体素质、技术接受能力分为若干个小组，每组为7—8人。在单元教学前，让学生明确相关的要求，在课前进行准备和尝试性的练习，在教学中，小组成员对单元教学内容的动作要领、特点、作用、易犯错误等进行交流、讨论，开展小组之间的合作学习，进行互帮互学，共同提高。对学习过程中遇到的问题，可以请教其他小组成员，也可以求助相关教师，相关教师在整个合作学习中给予各小组必要的指导和帮助。因此，合作教学法不但可以培养学生的自学能力，还可以培养学生的合作精神等核心素养。

6. 问题教学法

问题教学法，即通过提问来教学。例如，在足球裁判法教学中，先设置一些较为简单的问题：每次足球比赛上场的人数、比赛的时间是多少？裁判员的人数是多少？什么是边线球、角球、点球……然后再提出一个问题："我们在电视实况转播中播音员经常讲某某队员越位，那么判断越位的依据是什么？"上述问题，难度呈梯度增加，因此，要循序渐进，使学生思维进一步深化，使其在获取知识的过程中体验成功的喜悦，了解足球比赛的一些基本裁判规则，激发学生的求知欲望，从而让学生更主动地钻研和探索。

7. 实践教学法

在足球教学中，"百讲不如一练"，实践出真知，在教学中可以采用"先学后教"的实践教学法，让学生在教学中通过体验、实践来获取足球运动的自身体验，在足球运动中得到快乐。

（三）达到学业水平

学生学习足球教材后，应达到如下学业水平：①能够掌握足球运动的基本技术动作、组合动作技术和基础配合，并能在对抗情境下予以运用，形成在足球学习和比赛中分析问题和解决问题的能力；②提高一般体能和足球专项体能（运动能力）；③安全地参加足球运动，能预防和简单处理足球运动中常见的运动损伤；④克服困难，坚持不懈，具有一定的挑战自我的能力和情绪调控能力，以及合作精神和公平竞争意识；⑤遵守规则，相互尊重（健康行为、体育品德）。

二、校园足球课余训练与竞赛

（一）课余训练是课堂教学的延伸

教学与训练是开展校园足球工作的两个维度，二者密不可分。教学主要是为了激发学生对足球的学习兴趣，普及足球基本的技术、战术水平，营造校园足球文化。训练是教学的补充，主要是为了给那些热爱足球且有一定基础，并想在技术、战术方面有所提升，同时自身也具备一定的身体及心理素质的学生提供一个平台，利用课余锻炼时间，在学校的统一安排下，进行科学的训练。同时，参加班级、年级或学校的代表队，通过竞赛为集体争取更多的荣誉。

（二）各种竞赛是学生展示足球技能的舞台

学校通过教学，让学生掌握基本的足球技术、战术。学生利用学到的东西在足球场上参与活动和比赛，在此过程中感受运动之美和快乐，这对激发学生喜欢足球、热爱足球起到显著作用，对打造学校的校园足球文化奠定深厚的基础。通过课余训练，部分热爱足球的学生在技术、战术水平上得到提高，这些学生通过参加班级、年级、校内、校外的足球赛事，为所在团队争光，以此提升集体荣誉感，增强集体凝聚力，促进团队协作能力的提高，这实际上也是塑造校园足球文化不可或缺的重要部分。

（三）社团活动和兴趣小组是学生自我管理和提升的重要渠道之一

中学生在身心上都趋于成熟，对外界事物有了更多的主观意识，其个性较强，喜欢做一些创新的事情。在运动实践上，倾向于自我摸索和总结。在课余训练中，除了班级、年级和校队这些传统层级代表队之外，自发组织的足球俱乐部、足球社团也加入其中，参加训练的学生更多地将足球固化为自己的爱好和特长，学生更多地需求训练和赛事活动。其身体素质不断地加强，对比赛的渴望程度也比以往有较大幅度的提高，因此，学校要合理引导并加强各层级代表队的训练工作，教育学生正确对待赛事。

（四）校园足球的竞赛与编排

1. 校园足球竞赛的组织

学校根据学生人数、班级数量和场地数量等具体情况来组织校园足球竞赛。每队参与者进行相同数量的比赛。比赛没有胜利者和失败者之分，其最终目的是让学生享受足球带来的乐趣。

（1）场地。

4：4最小：（12—15米）×（20—25米）

5：5最小：（20—25米）×（30—35米）

8：8最小：（35—45米）×（45—60米）

11：11最小：（45—90米）×（90—120米）

（2）规则。

总体参照国际足协制定的足球竞赛规则，然后根据学生的水平和需求予以制定。

（3）其他。

竞赛过程中要注意医务护理、观众的安排、运动员竞赛礼仪的要求等。

2. 校园足球竞赛的编排

1个场地3支球队比赛形式

（1）3支球队单循环比赛。

3队（1轮次）

轮次	比赛
1	A–B
2	C–A
3	B–C
每队2场比赛	

（2）3支球队主客场（双循环）比赛。

3队（2轮次）

轮次	比赛
1	A–B
2	C–A
3	B–C
4	B–A
5	A–C
6	C–B
每队4场比赛	

3. 案 例

×××学校班级足球比赛规程

为了提高我校学生的身体素质，培养学生良好的锻炼习惯和热爱体育、崇尚运动、健康向上的良好风气，促进学生德智体全面发展，提高我校学生足球运动水平，让学生享受足球的乐趣，我校将举行足球比赛，通过比赛选拔好的球员参加校足球队的训练。

一、比赛时间：××××年×月，每周二、周五下午举行。

二、比赛地点：校足球场

三、参加班级：××××

四、参加人数：每队可报队员10名，上场队员为5名（包括守门员）。

五、竞赛方法：

（一）以各年级为比赛组，进行本年级组的足球比赛。

（二）本次比赛采用国家体育总局审定的最新《足球竞赛规则》。

（三）本次比赛采用单淘汰赛。先抽签确定对赛班级，负队被淘汰，胜者则进入决赛；进入前三名的班级进行单循环赛。如两队打平，则直接进行点球决胜（3+1），赢得2分，负得1分。三队积分最高的则获得冠军。

（四）各比赛组上下半场比赛时间为15分钟，共30分钟，中场休息3分钟。

（五）队员装备：队员着装要统一，穿足球胶鞋，不得佩带有可能伤及他人的物件，如手表、纪念章、挂件、钥匙等，不得穿铁钉足球鞋或皮面足球鞋。

（六）比赛使用×号球。

六、团体奖励办法：×年级奖励前三名。

七、其他

各班在×月×日前将队员名单交于体育组。本规程解释权归体育组。

附：比赛具体时间：×月×日（周二）小组淘汰赛

对阵表

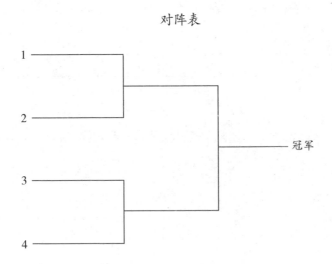

×× 班级足球比赛报名表

班级：＿＿＿＿＿＿＿＿　队长：＿＿＿＿＿＿＿＿＿

序号	姓名	性别	出生年月	号码	备注
1					
2					
3					
4					
5					
6					
7					
8					
9					
10					
11					
12					

注：该表在×月×日前上交体育科组×××老师，逾期做弃权处理。

三、校园足球文化建设

　　校园足球文化建设旨在挖掘优良的校园足球精神，通过活动培养中学生机智、果断、公平竞争等良好的足球精神，以及集体主义精神和严格的组织纪律。可以开展"展足球、赛足球、绘足球、写足球、唱足球"等活动；除了比赛，还可开展足球知识竞赛、花式足球、休闲足球、足球啦啦操、足球宝贝遴选、校园足球亲子互动等系列活动；开设校园足球社团活动，做好宣传、纳新、活动推广等工作，以促进学生自主管理、主动参与和追求卓越的意识。在整个校园足球活动过程中，所有人都应积极参与，丰富学校足球活动，营造良好的足球文化气氛。

第三节　我校校园足球开展

　　广东实验中学是首批全国校园足球特色学校，也是广州市校园足球推广学校。一直以来，我校校园足球的开展主要是以学生足球社团为主体，以丰富多彩的活动营造浓厚的校园足球氛围，以此促进校园足球理念的普及。主要活动有以下几项：

　　1. 每年举行"省实杯"班级足球联赛。

　　2. 每年组织足球队参加广州市的校园足球社团比赛。

　　3. 自2014年始参加第一届"富力杯"广州市校园足球比赛，并获得荔湾区第四名，2015年获得荔湾区第三名。

　　4. 2015年4月，学校高中部开始招收足球体育特长生，组建学校足球校队。2016年12月参加全省高中足球最高水平的"省长杯"比赛，并取得第三名的好成绩。图2-3-1为参加"省长杯"比赛的队员获奖后合影留念。

图2-3-1

　　5. 2015年9月至12月，学校姚文霖老师被省教育厅推荐为教育部校园足球教练员，赴法国培训学习三个月。

6. 自2015年9月开始，学校初一开设校园足球选修课。聘请专业教练进校讲课，以提高师资力量和教学质量。

7. 2016年，学校参加广州市名校足球邀请赛，并获得冠军。

8. 2016年3月，学校开展邀请广东明星足球队进校园活动，接受中国足球明星的指导并进行了友谊赛，校园足球气氛热烈，学生获益良多。

9. 2017年9月18日，初中足球队进行组队训练，队员勤奋苦练，通过参加校内外的足球联谊比赛，队伍得到了良好锻炼。

10. 2017年10月20日，第一次参加广东省校园足球超级联赛。

11. 2017年11月11日，学校开展了省初足球队史上第一场对外热身赛，对阵新安明珠U-15。

12. 2018年3月24日，我校初中足球队在对阵陈嘉庚中学足球队时，2016届初二7班的张侨龄同学射入第一个球（见图2-3-2）。

图2-3-2

第三章

足球基本技术

第一节　球感练习

一、原地左右脚交替踩球（见图3-1-1）

1. 动作要领

身体直立，两脚前后开立，左脚支撑身体，右脚前脚掌踩球的上部（见图3-1-2）。动作开始后，两脚做一个交换跳动作（见图3-1-3、图3-1-4），使左脚踩在球的上部，右脚支撑（见图3-1-5），这样两脚连续交换练习。

图3-1-1

图3-1-2

图3-1-3

图3-1-4

图3-1-5

2.要 求

① 踩在球上的脚不要用力，只是轻轻地踩。

② 动作熟练后要目视前方，两脚的交换动作要快。

3.练习方法

① 个人原地练习，可设定时间30秒或1分钟为一组，间歇时间1分钟。

② 两人配合练习，一人练习时，另一人发出指令示意对方报数，练习拓展视野范围。

二、原地左右脚内侧传球（见图3-1-6）

1.动作要领

上体直立，两脚左右分开，大于肩宽，足球靠在右脚内侧处（见图3-1-7）。动作开始后，用右脚内侧把球传至左脚内侧（见图3-1-8），传完球后右脚立刻落地支撑（见图3-1-9），两脚交替在胯下进行传球练习（见图3-1-10）。

图3-1-6

图3-1-7

图3-1-8

图3-1-9

图3-1-10

2.要 求

① 初次练习时，眼睛可观察胯下的传球练习，但动作熟练后眼睛要平视前方。

② 脚下的传球动作要逐渐加快速度，两脚动作和身体重心要配合好。

3.练习方法

① 个人原地练习，可设定时间30秒或1分钟为一组，间歇时间为1分钟。

② 两人配合练习，一人练习时，另一人发出指令示意对方报数，练习拓展视野范围。

③ 原地练习熟练后，逐渐转化为行进间移动练习，行进时注意偶尔抬头，以提高观察能力。

三、前后滚球

1.动作要领

上身直立，两脚左右分开，大于肩宽，原地用一只脚的脚掌踩住球的上部前后滚动，然后再换另一只脚（见图3-1-11、图3-1-12、图3-1-13）。

图3-1-11

图3-1-12

图3-1-13

图3-1-14

2.要 求

① 上身放松，下肢膝关节微屈，动作要协调，逐渐加快。

② 一只脚踩住球前后滚动时，另一只脚做支撑脚时要保持轻微地移动。

3. 练习方法

个人原地练习，练习时间1分钟，间歇时间为30秒。可增加难度，以一小障碍碟为中心，做三角滚球练习（见图3-1-14）。

四、脚内外侧拨扣（见图3-1-15、图3-1-16）

1. 动作要领

左脚站立支撑，面向足球（见图3-1-17）；右脚脚背内侧触碰球的外侧，使球向一侧滚动（见图3-1-18、图3-1-19）；接着，用脚背外侧触碰球内侧，使球向另一侧滚动（见图3-1-20），以同样方法进行反复练习。

图3-1-15　　　　　　　　　　图3-1-16

图3-1-17　　　　　　　　　　图3-1-18

图3-1-19　　　　　　　　　　图3-1-20

2. 要　求

① 脚内侧拨球，脚外侧扣球，用力要适度，轻轻拨扣。

② 左右脚交换练习，用力适中，身体重心微微下移。

3. 练习方法

① 个人原地练习，练习时间为30秒，间歇时间为30秒。

② 行进间练习，20米距离往返。

③ 两人配合练习，一人行进间控球，一人练习防守脚步移动（见图3-1-21）。

图3-1-21

五、左右脚交替向后拉球

1. 动作要领

右脚踩球向后拉球使球向后滚动（见图3-1-22），拉完球后落地支撑身体（见图3-1-23）。接着，左脚踩球的上部向后拉球，拉一下后马上落地支撑身体（见图3-1-24、图3-1-25），两脚连续交替向后进行踩拉球练习。

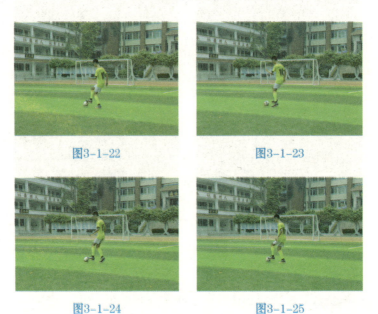

图3-1-22　　　　　　　　　　　图3-1-23

图3-1-24　　　　　　　　　　　图3-1-25

2. 要 求

① 每次踩球力量要适度，拉球的距离不宜太长。

② 身体重心要控制好。

③ 练习方法：行进间练习，20米距离往返，反复练习。

六、颠 球

1. 动作要领

颠球身体要协调，膝盖放松，踝关节适度紧张；腿脚放松，脚踝发力。小碎步移动，脚尖不要向上勾；可尝试用不同部位颠球，如脚弓、大腿。

① 双脚脚背颠球技术要领：小腿向前上方摆动，踝关节固定，脚背击，用力均匀。可两脚交替击球，也可单脚连续击球（见图3-1-26—图3-1-30）。

图3-1-26

图3-1-27

图3-1-28

图3-1-29

图3-1-30

② 脚内侧颠球技术要领：支撑腿的膝关节微屈，将身体重心移到支撑腿上。当球落到膝关节的高度时，颠球脚屈膝盘腿，脚内侧向上摆，脚内翻，即脚内侧呈水平状态（见图3-1-31）。用脚内侧轻击球的底部，将球向上颠起（见图3-1-32—图3-1-34）。

图3-1-31

图3-1-32

图3-1-33

图3-1-34

③ 脚外侧颠球技术要领：支撑腿的膝关节微屈，上体向支撑脚一侧略稍倾斜，中心转移至支撑脚上，当球下落至膝关节的高度时，颠球脚屈膝撇腿，脚外侧向上摆，脚外翻轻击球的底部，将球向上颠起。（见图3-1-35—图3-1-37）

图3-1-35

图3-1-36

图3-1-37

2. 易犯的错误

① 脚击球时踝关节松弛，造成用力不稳。

② 击球时脚尖向下或向上勾，造成球受力后向前或向后触碰身体，使球难以控制。颠球时，身体其他部位不够放松，以至于动作僵硬。

3. 练习方法

刚开始练习时，可先单次颠球，用手拿住然后再颠下一个，动作熟练后再连贯动作进行练习。

① 踢毽子：用左右脚面交替踢系绳的毽子。动作同脚部颠足球。熟练踢用绳系着的毽子后，取掉绳子，用两脚面交替踢毽子，动作同颠球。

② 踢沙包练习：在能灵活自如踢毽子的前提下，换小沙包进行练习，动作同上。

④ 颠手球练习：在熟练掌握踢沙包动作的基础上，让学生改换颠手球。

4. 要　求

① 颠球底部中央。

② 不要高于膝盖。

③ 注意力要集中，力度适中。

④ 可结合足球明星颠球的视频予以练习。

⑤ 颠球是提高足球基本功的重要方法，务必掌握！

⑥ 坚持，坚持，再坚持！

第二节　运　球

　　运球是指运动员在跑动中为控制球而用脚部进行推拨球的动作。采用运球方法超越防守队员称为运球过人。熟练掌握运球及运球过人技术，对调控比赛节奏、掌握进攻时机、破密集防守创造射门机会有实际作用。

一、脚背正面运球（见图3-2-1）

　　动作要领：运球腿屈膝提起前摆，脚绷紧，脚趾向下，在着地前用脚背正面推拨球前进（见图3-2-2—图3-2-5）。

图3-2-1

图3-2-2

图3-2-3

图3-2-4

图3-2-5

二、脚背外侧运球（见图3-2-6）

动作要领：自然跑动，提腿，屈膝，用脚背外侧推拨球的后中部，对球施以有效的连续控制（见图3-2-7—图3-2-10）。

图3-2-6

图3-2-7

图3-2-8

图3-2-9

图3-2-10

三、脚背内侧运球（见图3-2-11）

1. 动作要领

身体稍侧转，上体前倾，运球腿提腿、屈膝、外展，脚背内侧对运球方向，用脚背内侧推拨球（见图3-2-12—图3-2-16）。

图3-2-11

图3-2-12

图3-2-13

图3-2-14

图3-2-15

图3-2-16

2. 以上三种运球技术的练习方法

① 个人运球练习，10—30米依次距离练习，间歇1—3分钟做下一组，组数视个人情况而定。

② 两人配合练习，设A、B两点，距离20米，两人往返轮流练习。

③ 三人配合练习，设A、B、C三点，呈三角形，相距10米，间歇运球练习。

3. 要 求

① 动作舒展，不要僵硬，注意接触球的正确球点与脚的正确部位。

② 动作熟练后，注意抬头观察，用余光注视球，提高观察能力。

第三节　传、接球

正确理解传球：传球是运动员有目的地用脚的某一部位将球踢到预定的位置。因此，各种传球的动作总是用不同的脚法来达到运动员不同目的的结果。

一、动作构成

传球的方法多种多样，动作要领也各有不同，但是每种传球方法总离不开几个固定动作，如助跑、支撑脚站位、踢球腿的摆动、脚接触球和踢球后的随球动作等。

1. 助 跑

助跑包括直线助跑和斜线助跑两种。直线助跑指的是助跑方向与出球方向一致。斜线助跑指的是助跑方向与出球方向呈一定的角。

2. 支撑脚站位

助跑最后的着地脚所处的位置就是踢球时支撑脚站位。支撑脚落在球的侧方，并离球大约15厘米的距离或者支撑脚落在球的侧后方。注意：支撑脚尖的指向通常决定出球的方向。

3. 踢球腿的摆动

踢球腿的摆动是踢球的主要力量。"大幅度式"以髋关节为轴，大腿带动小腿前摆踢球，力量大，适用于远距离传球或射门。"小幅度式"以膝关节为轴，小腿摆动踢球，其动作快、隐蔽性强，在比赛中运用得最多。

4. 脚触球

脚触球包含击球部位、击球时间和击球动作等因素。在足球比赛中，常见的击球方法有五种：摆击（多用于长距离传球）、弹击、抽击、推击、敲击。

5. 踢球后的随前动作

这一动作是指踢球脚与球接触时，踢球腿仍以触球时的同样摆动速度继续前摆和送髋。此动作可缓解前冲惯性，维持身体平衡，同时增大出球力量与衔接下一个动作。

二、传球的动作方法

用脚传球主要有脚内侧传球、脚背正面传球、脚背内侧传球、脚背外侧传球。除此之外，还有脚尖传球和脚后跟传球等方法。

（一）脚内侧传球（见图3-3-1—图3-3-3）

1. 动作要领

踢定位球时，直线助跑（见图3-3-4），支撑脚踏在球的侧方约15厘米处，传球腿以髋关节为轴由后向前摆动（见图3-3-5）。前摆过程中屈膝外转，脚内侧正对出球方向，小腿加速前摆，击球的后中部（见图3-3-6）。

特点：脚与球的接触面积大，出球比较平稳、准确。

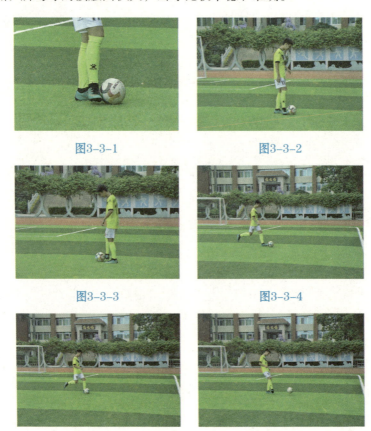

图3-3-1

图3-3-2

图3-3-3

图3-3-4

图3-3-5

图3-3-6

2. 练习方法

① 个人对墙展开重复练习。

② 二人一组，拉开10—20米距离，互相传、接球，可摆设1—2米距离标志桶，增加练习难度（见图3-3-7）。

图3-3-7

③ 三人一组，呈三角形站位，相距10米，反复练习（见图3-3-8、图3-3-9）。

图3-3-8　　　　　　　　　　　图3-3-9

（二）脚背正面传球（见图3-3-10）

1. 动作要领

直线助跑，最后一步稍大并积极着地，支撑脚在球的侧方约15厘米处，脚尖正对出球方向（见图3-3-11），膝关节微屈，踢球腿在支撑脚前跨和助跑的最后一步蹬离地面时，顺势向后摆起，小腿后屈（见图3-3-12）。在支撑脚着地的同时，以髋关节为轴，大腿带动小腿由后向前摆，当膝盖接近球正上方的刹那，小腿做爆发式前摆，脚背绷直，脚趾扣紧，以脚背的正面击球的后中部（见图3-3-13）。踢球腿随球继续提膝前摆（见图3-3-14）。脚背正面传定位球是初学者必须掌握的基本技术动作。在比赛中，还常常用脚背正面踢反弹球、空中球等。

图3-3-10

图3-3-11

图3-3-12

图3-3-13

图3-3-14

2. 练习方法

① 可以对墙或球门重复练习，每练习3—5分钟休息1分钟。

② 二人一组，拉开10—20米距离，互相传、接球，每练习3—5分钟休息1分钟，在此期间可摆设1—2米距离标志桶，以增加练习难度。

（三）脚背内侧传球（见图3-3-15）

1. 动作要领

斜线助跑，助跑方向与出球方向呈45度角。支撑脚在球的侧后方20—25厘米处，屈膝，支撑脚脚尖指向出球方向。在支撑脚着地的同时踢球腿以髋关节为轴，大腿带动小腿由后、向前摆动，当身体转向出球方向，膝盖接近球的内侧正上方的刹那，小腿做爆发式前摆，脚尖稍微向外转，脚面绷直，脚趾扣紧，脚尖指向斜下方，以脚背内侧踢球的后中部（踢高球时，击球的中下部）（见图3-3-16），踢球腿随球继续前摆。

图3-3-15

图3-3-16

同样，脚背内侧传定位球是初学者必须掌握的基本动作。作为提高练习，脚背内侧还可踢过顶球、踢弧线球等高难度动作。

2. 练习方法

二人一组，拉开25—35米的距离，互相做长距离传、接球，每练习1—3分钟休息30秒，可根据技术情况要求队员适当拉长传球距离，提高传球的准确性，以达到加强练习的目的。

（四）脚背外侧传球（见图3-3-17）

1. 动作要领

踢定位球（平直球）时，助跑、支撑脚的位置和踢球腿的摆动基本与脚背正面踢球相同，只是用脚背外侧接触球（见图3-3-18）。

脚背外侧传定位球是初学者必须掌握的基本动作，在比赛中，也常用脚背外侧踢弧线球或弹地球。

图3-3-17

图3-3-18

2. 练习方法

二人一组，拉开1—2米的距离，互相短距离侧身传、接球，每练习1—3分钟休息30秒，在此期间可摆设1—2米距离的标志桶。另外，可要求队员提高准确性和一脚回球加强练习难度（见图3-3-19、图3-3-20）。

图3-3-19　　　　　　　　　　图3-3-20

（五）脚尖传球

动作要领：

在支撑脚离球较远，踢球腿不允许做后摆动作时，利用支撑脚蹬成跨步和劈腿动作，用脚尖踢球的中后部（见图3-3-21）。击球时，脚背翘起，脚趾下扣，踝关节用力并保持稳定（见图3-3-22）。

图3-3-21　　　　　　　　　　图3-3-22

（六）脚后跟传球（见图3-3-23）

动作要领：

球在支撑脚内侧时，踢球腿自然前提跨到球的前方，然后以膝关节为轴，小腿突然快速后摆，踝关节紧张用力，一脚后跟触球的前中部把球向后踢出（见图3-3-24）。

图3-3-23　　　　　　　　　　图3-3-24

（七）以上几种传球练习的要求

（1）注意接触球的正确球点与脚的正确部位。

（2）熟练后，逐渐加快动作速率与球速。

三、如何完成接（停）球

接球是指运动员有目的地用身体的合理部位触球，以改变运行中球的力量、方向，使球处于在利于连接下一个动作的合理位置上。在比赛中，除了手臂之外，身体的任何部位都可以接（停）球。按身体的接球位可分为：脚部接球、腿部接球、腹部接球、胸部接球、头部接球。运用最多的是脚部，其次是胸部和腿部。

（一）脚内侧接球（见图3-3-25）

1. 动作要领

脚内侧接地滚球，迎球跑动，支撑脚的脚尖正对来球，膝微屈，接球大腿外转，脚尖微翘，脚内侧正对来球，前迎，当脚触球的刹那迅速后撤，把球缓冲在脚下（见图3-3-26）。

特点：脚接触球的面积大、动作简单灵活，可以接地滚球和空中飞行球及反弹球。

图3-3-25　　　　　　　　　　图3-3-26

2. 练习方法

二人一组或对墙，拉开10—20米的距离，互相传、接球（见图3-3-27、图3-3-28），每练习1—3分钟休息1分钟，注意掌握接球技巧并展开重复练习（可与脚底接球交替练习）。

图3-3-27　　　　　　　　图3-3-28

3. 要　求

① 注意接球脚的正确部位。

② 注意接球与传球的动作衔接。

③ 注意接球的稳定性，避免弹跳球。

（二）脚底接球（见图3-3-29）

1. 动作要领

接地滚球时，迎球跑动，支撑腿着地于球的侧方。接球时，接球腿抬起在触球的瞬间将脚尖翘起，脚掌对往来球的后上部，用上前压推球，顺势将球压住（见图3-3-30）。

图3-3-29　　　　　　　　图3-3-30

2. 练习方法

二人一组或对墙，拉开10—20米的距离，互相传、接球，每练习1—3分钟休息1分钟，注意掌握接球技巧，重复练习（可与脚内侧接球交替练习）。

3. 要　求

① 注意接球脚的正确部位。

② 注意接球与传球的动作衔接。

③ 注意接球的稳定性，避免弹跳球。

（三）胸部接球

1. 动作要领

挺胸接球时，两眼注视来球，同时两臂曲肘举起与胸齐平，挺胸迎球（见图3-3-31），触球的瞬间，两肢蹬地，膝关节伸直，脚跟提起（见图3-3-32），胸部上挺，使球略微弹起于胸部的前上方（见图3-3-33）。

图3-3-31

图3-3-32

图3-3-33

2. 练习方法

二人互相交替抛球，尽量用胸部接（停）球，并进行重复练习，每完成20次则交换角色。每次练习10—15分钟（见图3-3-34—图3-3-37）。

3. 要　求

注意胸部接（停）球落地之后，控制球与传球的动作衔接。

图3-3-34

图3-3-35

图3-3-36　　　　　　　　　图3-3-37

（四）大腿接空中球

1. 动作要领

① 接下落的高球时，身体正对来球，接球脚屈膝上抬，以大腿中前部对准来球（见图3-3-38）。触球的瞬间，接球腿积极迎撤下放，使球触腿后落于身体前方（见图3-3-39）。

② 接快速平直运行的空中球时，要求身体正对来球，支撑脚向前跨出屈膝。接球腿膝关节向下，大腿与地面垂直或小于90度角。在触球的刹那，接球腿积极迎撤，使球触腿后落于体前。

图3-3-38　　　　　　　　　图3-3-39

2. 练习方法

队员自己踢半高空球或两人一组用手抛球，判断球的落点，反复练习接空中球（见图3-3-40—图3-3-42），尽量一次把球控制在地面，每练习3—5分钟休息1分钟（可与脚背正面按空中球、脚背外侧接球交替练习）。

图3-3-40

图3-3-41

图3-3-42

3. 要　求

要注意大腿接停球落地之后，控制球与传球的动作衔接。

（五）脚背正面接空中球

动作要领：

身体正对来球，判断来球的速度和路线（见图3-3-45），支撑脚稳固支撑，接球腿屈膝提起，以脚背正面对球迎出（见图3-3-43、图3-3-46），触球的刹那，接球脚引撤下放，膝、踝关节相应放松，以增加缓冲效果（见图3-3-44、图3-3-47）。

图3-3-43

图3-3-44

图3-3-45　　　　　　　　　　　图3-3-46

图3-3-47

（六）脚背外侧接球（见图3-3-48）

动作要领：

接地滚球时，在判断来球状况的同时，观察周围情况，选好支撑脚的位置，运用合理的假动作或转体动作进行接球。接球脚屈膝提起，踝关节内翻，以脚背外侧对准来球，当球临近时，接球脚以脚背外侧推拨球的相应部位，将球控制在所需要的位置上（见图3-3-49）。

图3-3-48　　　　　　　　　　　图3-3-49

第四节　射　门

一、射门技术

（一）脚背内侧射门

踢球腿摆腿自然，有利于发挥腰腿部大肌群的力量，故踢球力量大，主要用于长传球和远射。

1. 动作要领

① 斜线助跑，在不影响摆腿发力的同时更有利于对击球脚形的控制（见图3-4-1）。

② 支撑腿落地时，身体重心应偏向支撑腿一侧并屈膝缓冲，以保持身体重心的稳定（见图3-4-2、图3-4-3）。

③ 用脚背内侧击球的后下部，同时脚尖包向球的外侧（见图3-4-4）。

④ 前摆送球的方向应指向射门的方向（见图3-4-5）。

图3-4-1

图3-4-2

图3-4-3

图3-4-4

图3-4-5

2. 练习方法

① 对墙踢固定球练习。

方法：初学阶段在助跑环节上可简化，采用一步助跑，这样有利于支撑腿的准确选位，并将注意力集中到脚形的控制上。

提示：除非已形成正确而稳定的技术动作，此时应注重纠正错误动作，巩固和强化技术动作细节，避免因大力踢球导致动作变形。

② 踢球腿摆动模仿练习。

方法：可以先在地面确定一个支撑脚落地点，然后加一步、两步或多步助跑，反复练习。

提示：练习时注意体会腿部肌肉的放松，只在触球前的刹那通过绷紧腿部肌肉加固关节即可。

③ 两人对传。

方法：两人相距约20—30米，踢定位球或活动球。

④ 下底传中练习。

方法：A. 两人相距约20—30米平行跑动，相互传球。

B. 一人边路运球下底传中，另一人门前抢点射门。

3. 易犯的错误与纠正的方法

① 错误：直线助跑（斜线助跑有利于发挥腿部力量和控制脚形）。

纠正的方法：准确判断球的运行速度和方向，调整助跑角度和速度。

② 错误：支撑腿站位不当（离球太远或过近，脚尖未指向传球方向）。

纠正的方法：控制好助跑速度与节奏，步伐清晰，注意力集中。

③ 错误：肌肉关节紧张，呈直腿摆动。

纠正的方法：通过模仿练习，体会放松摆腿的技术。

④ 错误：勾脚击球，击球点不稳定，不能有效发挥摆腿的力量。

纠正的方法：脚背、踝关节绷紧，固定脚形。

⑤ 错误：踢球腿摆送的方向太随意，不能稳定控制出球方向。

纠正的方法：有意识地控制摆送方向，注意身体重心随球而移动。

（二）正脚背射门

利用小腿快速摆动以及比较坚实的脚背触球，使球产生急速变形，促使球高速飞行，形成极具威胁的射门。正脚背射门也常用于长传球（见图3-4-6、图3-4-7）。

1. 动作要领

① 助跑方向无严格规定，但无论直线或斜线助跑，最后支撑脚落地时必定指向传球或射门的方向（见图3-4-8）。

② 为了提高球速，特别强调小腿加速摆动，击球的力量应瞬间爆发（见图3-4-9）。

③ 用脚背正面击球的后中部，部位靠近脚踝（见图3-4-10）。

④ 摆送阶段身体应随球而动，小腿前摆平直送球，大腿不可向上提拉（见图3-4-11）。

图3-4-6

图3-4-7

图3-4-8

图3-4-9

图3-4-10 图3-4-11

2. 练习方法

① 小腿快速摆动踢球，助跑跨上一小步，快摆小腿弹踢。可以自己对着墙练习，或两人对传练习。

② 运球射门，从不同角度运球插入罚球区后射门。

③ 两人配合练习，运球摆脱后射门，传球配合后射门。

3. 易犯的错误与纠正的方法

① 错误：支撑脚站位偏后，造成踢球脚前伸触球。

纠正的方法：准确判断球的运行，调整助跑的节奏。

② 错误：脚背未绷紧，脚背前部或脚尖触球。

纠正的方法：脚趾扣紧鞋底，使踝关节绷紧固定。

③ 错误：摆送时身体重心滞后，跟进不及时，导致摆动腿向上方摆踢。

纠正的方法：身体重心随踢球腿摆送顺势跟进。

④ 错误：摆送时踢球腿不加控制，大腿提拉过高，使摆踢的力量分散。

纠正的方法：摆送时，控制小腿摆动幅度，前伸送球。

（三）脚背外侧射门

预摆动作小，出脚快，能利用膝、踝关节的灵活变化改变出球的方向和性质，是实用性较强的一种技术手段。

1. 动作要领

① 摆踢时，脚面绷直，脚趾向内扣紧斜下指（见图3-4-12）。

② 用脚背外侧击球的后中部，击球后，踢球腿顺势前摆着地（见图3-4-13、图3-4-14）。

③ 踢地滚球时，踢球脚同侧的来球多用直线助跑，支撑脚在球侧后约25厘米处落位，异侧来球则多用斜线助跑，支撑脚一般距球10—15厘米，其他动作则类似踢定位球。

图3-4-12

图3-4-13

图3-4-14

2. 练习方法

练习时，应把注意力集中在某个技术环节上，通过大量练习提高自己对动作细节的感知和控制能力。两人一组，一人将球踩在地面固定，另一人做原地或加助跑摆腿击球的动作，力量稍小，主要是体会动作的要领。

3. 易犯的错误与纠正的方法

①错误：支撑腿选位不合理，影响摆腿发力。

纠正的方法：要根据来球的方向及状态合理确定支撑腿的位置，以保证踢摆发力。

②错误：摆腿时髋关节内转或直腿击球，击球发力不足。

纠正的方法：后摆与前摆都须屈膝摆动，方可保证摆踢速度。

③膝、踝关节旋内不够，影响击球的准确性。

纠正的方法：摆腿时要依靠膝、踝关节旋内保证脚外侧都触击球。

二、射门练习组织方法

（一）直线短距离运球射门

直线短距离运球射门旨在培养队员射门的准确性；培养队员观察守门员位置的习惯；培养队员射门用力的感觉。

1.组织方法

（1）区域：10米×15米。

（2）器材：标志盘、球门、球，将球放在地上，短距离运球中射门。

（3）变化：用脚背正面、脚背内侧、脚背外侧、脚内侧射门。

2.练习方法（见图3-4-15）

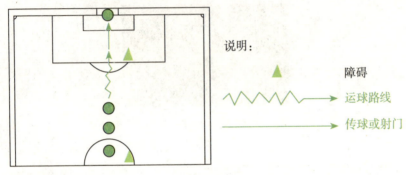

说明：

▲　障碍

〰〰〰〰→　运球路线

———→　传球或射门

图3-4-15

3.训练要点

训练要点主要包括：良好的击球；固定脚形；支撑脚的踏位；身体重心靠前；时刻注视球；观察守门员的站位；用语言鼓励队员射门的信心。

（二）1 VS 1个人突破射门

该练习旨在提高在干扰情况下的射门技术；培养射门前观察守门员的位置，并选择合适的角度射门的能力。

1.组织方法

（1）区域：25米×25米。

（2）器材：球、球门、标志桶、标志服。

（3）三种要求：

① 防守方传球给进攻方，进攻方接球后第一次触球从两个标志盘之间通过后射门。

② 防守方待进攻方第一次触球后开始防守。

③ 防守方传完球立即开始防守。

2. 练习方法（见图3-4-16）

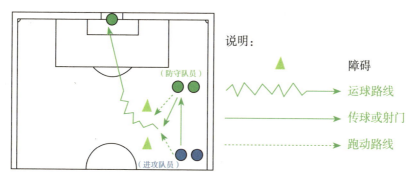

说明：

▲	障碍
运球路线	
传球或射门	
跑动路线	

图3-4-16

3. 训练要点

训练要点主要包括：正确击球；固定脚的部位；支撑脚的位置和灵活性；观察球和守门员的位置；随前移动。

注意事项：调整标志盘以及防守者、进攻者的距离。

（三）2 VS 2配合射门

提高球员在不同防守干扰下与同伴配合射门的能力；提高球员的应变射门能力。

1. 组织方法

（1）区域：30米×35米。

（2）器材：球、标志盘、球门、标志服。

（3）要求：持球前卫队员与前锋做墙式配合后射门，或前锋摆脱防守队员再接前卫队员传球后，转身运球射门。

2. 练习方法（见图3-4-17）

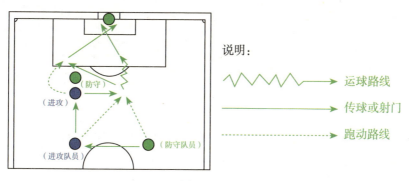

说明：

运球路线	
传球或射门	
跑动路线	

图3-4-17

3. 训练要点

训练要点主要包括：支撑脚的位置和灵活性；正确击球；固定脚的部位；观察球和守门员的位置；随前移动准备补门。

（四）4 VS 4+2守门员攻防射门

这一练习旨在提高队员在强对抗下射门的能力，提高射门的信心。

1. 组织方法

（1）区域：33米×40米。

（2）器材：球、球门、标志盘、标志服。

2. 练习方法（见图3-4-18）

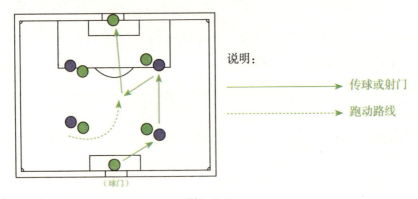

说明：

——————→ 传球或射门

- - - - - → 跑动路线

图3-4-18

3. 训练要点

训练要点主要包括：果断射门；射门前观察守门员的位置；射门动作快而小；射门进球。

第五节 头 球

头顶球是指遇到不能用脚踢的高空球，可用头部顶球的方法来进行传球或射门。顶球时眼睛要盯住来球，用前额触球。上体稍后仰，然后借助与身体的反弹力量来顶球。

一、原地头顶球动作要领

原地头顶球多用于附近没有对方队员防守时。顶球时，收下巴颏，颈部保持一定的肌肉紧张度，上体稍后仰（见图3-5-1），然后借助身体的反弹力量将球顶出（见图3-5-2、图3-5-3）。

图3-5-1

图3-5-2

图3-5-3

二、跳起头顶球动作要领

跳起头顶球动作在与对方争抢高空球和门前射门时经常运用。跳起的同时，收下巴颏，上体后仰（见图3-5-4），身体到达最高点时，借助身体的反弹力量将球顶出（见图3-5-5）。

图3-5-4

图3-5-5

三、要 求

（1）判断与选位：身体正对来球，不要因害怕球而闭眼睛，两眼要注视来球（见图3-5-6）。

（2）蹬地与摆动：上体稍后仰，形成一个"背弓"，为收腹发力做好准备，两臂自然张开，以保持身体平衡（见图3-5-7、图3-5-8）。

（3）头触球：顶球时从下肢蹬地开始，然后收腹，前额正面触球顶送发力（见图3-5-9）。

（4）身体控制：顶球后前额继续前送，控制出球的方向（见图3-5-10）。

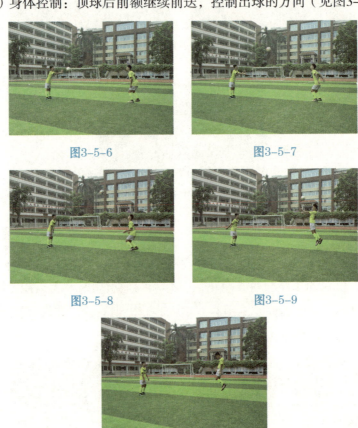

图3-5-6　　　　　　　　　　图3-5-7

图3-5-8　　　　　　　　　　图3-5-9

图3-5-10

四、练习方法

（1）无球原地模拟头球动作。

（2）可用网绳球袋，把足球装上挂在足球门楣上进行练习。

（3）两人面对面，一人抛球，另一人进行头球练习，轮流交换进行。

第六节　守门员技术

守门员技术包括：准备姿势；选位；步法移动、接球、扑球、掌击球、托球、发球等。不管采用何种方法防守，前期的准备姿势、选位、步法移动三个过程都是共同的。

一、准备姿势

正确的准备姿势是双脚分开与肩同宽，身体重心稍微向下，双腿微弯，掌心向下，置于身体腰部两侧，头部稍向前，抬高目视来球（见图3-6-1）。

图3-6-1

二、选　位

球门空间较大，占据有利位置对守门员防守非常重要。一般来说，守门员的选位应该尽量与来球方向保持同一直线。

（1）当球在中场附近时，守门员应与中卫保持适当距离。选位时，既应考虑到不能让对方吊高球入门，又能做到随时出击。

（2）当球逼近发球区时，守门员应该适当后退到小禁区内，并根据球的运行方向选好封堵的角度。

（3）当球在本方半场两侧边线或角球弧附近时，应站在靠近边线的门柱附近（见图3-6-2）。

图3-6-2

（4）当球到近端球门线时，应站到近端门柱旁。

三、步法移动

守门员接球前正确的步法移动可扩大防守面，做出迅速地接扑球的判断。常见的是侧滑式步伐移动（见图3-6-3—图3-6-5）。

图3-6-3　　　　　　　　　　图3-6-4

图3-6-5

四、守门员的防守技术

守门员的防守技术包括接球（见图3-6-6—图3-6-10）、扑球（见图3-6-12—图3-6-15）、掌击球、托球（见图3-6-11）。

图3-6-6

图3-6-7

图3-6-8

图3-6-9

图3-6-10

图3-6-11

图3-6-12

图3-6-13

图3-6-14

图3-6-15

五、守门员进攻技术

　　守门员进攻技术是发球，由防守转进攻，往往是从守门员开始发动的，守门员发球一般包括手发球（见图3-6-16—图3-6-19）与脚发球（见图3-6-20—图3-6-22）两种，这两种发球的共同特点是：快、稳、长、短相结合。

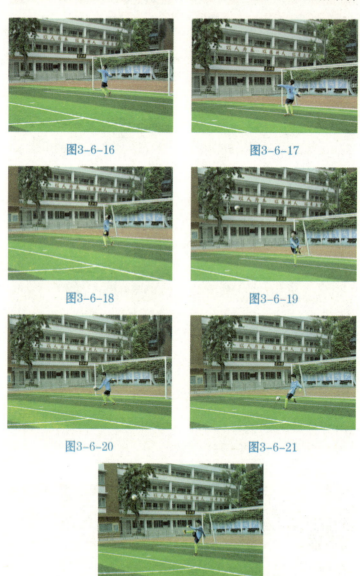

图3-6-16　　　　　　　　　　图3-6-17

图3-6-18　　　　　　　　　　图3-6-19

图3-6-20　　　　　　　　　　图3-6-21

图3-6-22

第四章

场上位置

第一节 前 锋

在足球运动中，前锋是比赛队员的位置名称。前锋位于前场，是球队进攻的第一线。有中锋与边锋之分。

一、中 锋

中锋一般站位在对方球门前最危险的地带，如小禁区周围等。此类前锋相对于其他类型的球员来说，其特点是身体好、身材高、力量强，能给对方的后卫形成明显的压力，是球队的重点攻击力。

二、边 锋

顾名思义，相对于中锋，边锋的重点在球场的左右两个边线活动，策应中锋，互相配合以取得进球。边锋属于边路进攻球员，要求速度快，突破能力强，能够内切射门，经常与中锋的位置进行互换，必要时参与防守。

第二节 中 场

中场是足球中的一个重要位置。通常情况下，中场主要在球场中间活动，负责联系前锋和后卫，他们是整个球场的主导者，进可组织进攻，退可参与防守。概括起来，中场主要包括以下几种：

一、前 腰

前腰一般是进攻的中枢，大部分的进攻会经其进行策划，是球队的大脑。

其所处位置其实并非前锋，但实际上却总是寻找机会做前锋的工作，以对对方施以最后一击，射门得分。

二、右中场

右中场站位在前腰球员的右侧，靠近右边线，为球队的主力攻击手之一，进攻时需要参与，防守时需要回来。

三、左中场

相对于右中场，左中场就是另一侧的相同职位。左中场如果是左脚的话更有优势，这样一来，传中、过人都更方便。

四、后 腰

相对于前腰，虽然后腰也经常参与进攻，但后腰的主要工作放在防守上。一般由防守能力强且善于卡位和抢断的球员担任，这个位置的球员一般还有个特点就是能跑，如果还有一脚过硬的远射就再好不过了。后腰是后卫前面的最后一道屏障，突破了他，你就可以挑战对方的后卫的防守能力了。

第三节 后 卫

后卫主要是防守，破坏对方的进攻，找机会配合队友由守转攻。

一、左右边后卫

左右边后卫是防守左右两个角球区域的球员。中后卫现代的边后卫里，很多球员有很强的助攻能力，既能防守，还能客串边锋，在全队进攻时加强两边的进攻。

二、中后卫

中后卫就是站在两个边后卫中间的球员。中后卫一般都身材高大，体格强壮，头球出众。中后卫一般有以下几种：一种善于盯人，一种是拖后中卫，就是在其他防守队员失去位置后进行保护补位的最后一个防守者。拖后中卫的特点一般都经验丰富，判断力强，善于判断球的去势和对方的作战意图。最后一种就是全能型——能盯人，也能拖后。

第四节　守门员

一个好的守门员相当于半支球队，这个位置其实是球队最重要的位置。守卫本方球门，本方禁区内可以用手接球，禁区外用手接球视为手球，小禁区内受到保护。不过当本方球员用脚将球回传时，即使在禁区内，也不能用手接球，否则会被判罚禁区内任意球。当然，本方球员用头将球回传时，守门员可以用手接球。作为门前的最后一道屏障，守门员的能力至关重要。守门员在本方进行防守的时候，需要对防守的阵型进行控制和提醒。守门员作为场上的最后一名防守队员，由于位置的特殊性，其对对方的进攻阵型和防守队形看得比别人清楚，由于对方的进攻可能会打乱本方的防守阵型，此时，守门员要及时明确地提醒，使本方的防守队员保持很好的防守队形，不至于被对方轻易地突破。得球后发动快速反击，进攻方的进攻在很多情况下是以球被守门员"没收"结束，这个时候进攻方的阵型一定是压得比较靠前，这也正是其防守比较薄弱的时候，守门员在得球的第一时间一定要向前看，看是否有队员已经提前压上，本方是否有反击的机会，如果有的话，守门员应该马上通过大脚或者手抛球来发动反击。

图4-4-1为足球场上各位置示意图。

图4-4-1

第五章

场上战术

　　足球运动是一项对抗性的运动项目，它是由进攻和防守所构成的，对抗中的足球战术是指比赛双方为了充分发挥个人与团队的特长，进攻对方弱点，为取得比赛胜利所采用的手段和方法。根据攻防的基本特点，足球战术可分为进攻战术、防守战术、比赛阵型三大部分。在进攻和防守战术中，又分别包括个人与团队的攻防战术。

第一节　进攻战术

一、进攻中基本战术的理解

步骤	进攻	关键点
1	形式	三角形和菱形
2	保持队形和保持控球	移动和传球
3	创造空间	两条边同时覆盖
4	向前或两侧切换	优先向前的纵深传球和位置轮转保持控球
5	完成进攻	攻入禁区完成进攻
6	进球得分	清晰的套路完成进攻得分

二、个人进攻

1. 在进攻中个体面对的基本情况

1vs1进攻者持球	1. 通过安全系数较高的方式带球或传球，甚至在压力下。 2. 与带球相结合的跟进行为（传球、射门、传中）。 3. 通过假动作或者佯攻吸引对手的注意力，为队友创造空间。 4. 通过加速和变向创造优势。 5. 做出正确的决定：完成进攻还是继续传球寻找机会或是继续控球
1vs1进攻球员扯动开和呼唤传球	1. 明确在正确的位置接球。 2. 接到球后，立刻借助身体的假动作摆脱。 3. 在合适的时间点选择合适的移动行为。 4. 根据比赛情景选择适合的传球和射门行为

1vs2时1进攻队员 vs2防守队员	1. 利用身体护球。 2. 带球时用距离防守队员远方的脚触球以建立空间。 3. 带球至开放的空间，若可能直接奔向球门。 4. 在合适的时间做出适合的后续行为（如二过一）

2. 1对1进攻练习

① 训练方法：

A. 进攻队员需要带球越过规定的目标线（见图5-1-1）

B. 练习的区域是10米×10米

C. 防守队员保持紧密的距离大约为2米（见图5-1-2、图5-1-3）

D. 进攻队员能够充分利用做墙的队友（见图5-1-4、图5-1-5）

图5-1-1

图5-1-2

图5-1-3

图5-1-4

图5-1-5

②变化：

A. 球员的角色是防御、进攻和做墙

B. 场地根据需要进行调整

C. 对于进攻球员完成任务的时间限制

D. 规定做墙球员的触球次数（1或2次）

三、团队配合进攻战术

团队配合进攻战术是指两个或两个以上队员在比赛中为了完成全队攻防任务而采用的局部协同作战的配合方法，它包括"二过一"战术配合、"三过二"战术配合和反切配合等进攻战术。

1. "二过一"战术配合

顾名思义，"二过一"是两个进攻队员通过传球配合突破一个防守队员。"二过一"是团队配合的基础，可以在任何区域、任何位置上用这种方法来摆脱对方的抢、截或突破防线。"二过一"是进攻的两个队员进行一传一切的配合。要求传球平稳及时，一般多用脚内侧、脚外侧等脚法，以传地滚球为主。传球的位置尽可能是接球人脚下或前面二三步远的地方。

2. "三过二"战术配合

"三过二"是在比赛中局部区域三个进攻队员通过连续配合突破两个或多个防守者的防守。由于这种配合有两个同队队员可以同时接应传球，因此使持球人传球路线更多，且进攻面扩大。

3. 训练方法

（1）1vs1进攻小球门（见图5-1-6）。

①训练方法：

A. 进攻球员要求进攻小球门得分

B. 区域范围为10米×10米

C. 防守球员距持球人2米远

D. 进攻球员利用做墙球员

图5-1-6

② 变化：

A. 球员演练防守，进攻，做人墙

B. 调整场区大小

C. 进攻球员完成目标有时间限制

D. 做墙球员有脚数限制

（2）2vs2进攻目标线。

① 训练方法：

A. 进攻队员要求过目标线

B. 场区为10米 × 10米

C. 防守人从靠近目标线2米开始

D. 进攻队员演练后套跑

E. 进攻队员利用做墙的队员

② 变化：

A. 球员演练防守，进攻，做人墙

B. 调整场区大小

C. 进攻球员完成目标有时间限制

D. 做墙球员有脚数限制

四、全队进攻战术

全队进攻战术是指比赛中一方获得球后，通过队员之间相互默契与准确地传递配合达到射门的目的而采用的配合方法。与局部进攻战术相比，全队进攻战术的进攻面覆盖范围比较广，对全体队员的整体配合意识要求较高。

1. 边路进攻

利用球场两侧区域发起进攻的方法叫边路进攻。边路进攻是全队进攻战术的主要形式之一，其主要特点是有利于发挥进攻速度，利用球场的两边宽度打破对方防线，制造进攻机会。

2. 中路进攻

中路进攻是利用球场中间区域组织的进攻，这种进攻虽能直接射门，但难度很大，因中路防守最为严密，中前场的球员必须要有默契的团队配合，要求队员对来球反应极其敏锐、意识强、技术高、敢于创造机会、速度快和善于随机应变。

3. 快速反击

比赛中当攻方进攻时，后卫线往往压至中场附近，防守人数也由于插上进攻和助攻而相对减少，此时如能抓住对方防区空隙较大和回防较慢的机会，趁其失球发动快速反击，往往能取得良好的效果。

快速反击是最有威胁力的进攻手段，它最大的特点在于突然快速地由守转攻，令对手防不胜防。但要求队员既要掌握好准确的反击时机，又要有准确、快速的传切配合技能。快速反击要有组织，配合要极为默契，必须进行针对该方面的专项训练，否则很难在比赛中达到预期的效果。

五、进攻原则

进攻的四条原则，实际上是进攻过程中的四个阶段。

1. 制造宽度

发动进攻的第一步是通过跑动充分利用球场的宽度，拉开两翼，扩大防守面，使进攻的空隙增大，出现空当，有利于空插配合。拉开则需要运动员有效地跑位接应。多运用短传和运控球以保持控球权，在没有较好的机会时，可以降低速度和改变进攻的节奏。拉开宽度的大小应根据彼我双方位置、队员特点和场区的不同而异。

2. 传切渗透

在充分拉开的基础上，控球者必须通过传球、带球逐步渗透寻找空当。前锋的频繁跑位扯动必定牵引防守队员移动、选位，一旦出现空当则应迅速地切入渗透，加快进攻速度，使对手措手不及，难以防范，这样便可获得利用空当的战术效果。

3. 机动灵活

当进至对方罚球区前沿时，守方定会采用紧盯、换位、补位等措施进一步加强防守，这时进攻者必须运用各种有球和无球的活动，发挥优势，使对方防守顾此失彼，防不胜防。因此，控球者需要用巧妙的带球结合假动作摆脱或牵制对方。其队友要灵活机动地运用事先安排好的几套战术配合，以完成插入和接应的任务。

4. 随机应变

进攻的深入发展必然会遇到守方全力以赴的逼抢，以阻止攻方的进攻和射门。在这种情况下，进攻者必须要创造性地运用技术、战术，使对方猝不及防。而比赛中采取应变措施则需要有良好的身体素质，全面而熟练的技术，丰富的比赛经验，稳定的心理以及聪明才智。

第二节　防守战术

一、防守基本战术理解

步骤	防守	关键点
1	阵型	所给阵型线型插空站位
2	保持阵型	同时向所有方向移动
3	封闭空间	利用边路摆动和中路波动，缩小空间和缩短时间
4	拦截传球	在对手传球前，明白其意图
5	上抢	要坚决地进入一臂距离，给持球人施加压力
6	得球	抢球的最优先目的是得到球并控制住

二、个人防守

1. 个人防守的基本场景

1vs1进攻方控球	（1）延缓向前移动。 （2）利用正确的身体位置驱赶持球人至边路，尽可能逼迫持球人回传或向后移动。 （3）站稳（前脚掌着地）准备快速移动。 （4）判断对手的身体姿态，保护本方球门。 （5）两人同时朝球移动时，要主动上抢，因为进攻球员要降低被夺球的风险
1vs1进攻方在空当要球时	（1）保持身体姿态，在对方接球前阻断其得球路线。 （2）位置始终在进攻球员与本方球门之间，保护本方球门。 （3）持续监控对方，同时观察球的循环，要防止对方渗透（观察）。 （4）直接朝球移动，达到向前防守的要求，尽可能延缓对方的进攻

1vs2时，1为防守队员，2为进攻队员	（1）延缓对手向前行进，为本方球员争取时间。 （2）尽量向后驱赶持球人，或向边路驱赶持球人。 （3）封闭可能直接攻击本方球门的传球及盘带路线。 （4）利用阵地战孤立对方球员。 （5）等待上抢时机，防止轻松被过。 （6）守门员同样要参与防守

2. 训练方法

（1）1vs1防守目标线（见图5-2-1）

① 训练方法：

A. 要求进攻方持球过目标线

B. 场区范围10米×10米

C. 防守人起始位置距离2米（见图5-2-2）

D. 身体向想把持球人驱赶的方向打开（见图5-2-3）

图5-2-1　　　　　　　　　　图5-2-2

图5-2-3

② 变化：

A. 防守进攻都要练

B. 可调整场区范围

C. 进攻过目标线有时间限制

（2）2vs2防守目标线

① 训练方法：

A. 进攻队员要求过目标线

B. 场区范围为10米×10米

C. 防守人起始位置距离2米

D. 防守球员演练隔离方式，形成2防1的局面上抢得球

② 变化：

A. 球员演练进攻和防守

B. 调整场区

C. 进攻队员完成目标有时间限制

三、团队的局部配合防守战术

1. 补 位

补位是足球比赛中局部集体配合进行防守的一种方法。当防守过程中一个防守队员被对方突破时，另一个队员则立即上前进行堵封。

2. 围 抢

围抢是指比赛中在某个位置上，防守一方利用人数上的相对优势（通常是两三名队员）同时围堵对方的持球队员，以求在短暂时间内达到抢断或破坏对方的目的。

3. 造越位战术

造越位战术是利用规则而设计的一种防守战术，是一种以巧制胜的省力打法，因而成为一种重要的防守手段。此战术常为水平较高的球队所采用，边后卫的位置一定要在中后卫之前，呈U形站位，利于中后卫造越位，如果转身慢、速度慢且没有默契，则慎用造越位战术。

四、全队防守战术

1. 防守战术可分为两种基本类型

（1）盯人紧逼防守（人盯人防守），即在规定的范围内盯人紧逼，不交换看守。

（2）区域紧逼防守（盯人和区域相结合），即当今流行的综合防守，紧逼

和保护相结合，在个人的防区内紧逼，以做交替看守。

2. 防守要求

盯人防守即各自都有明确的防守对象，如对方左边锋大幅度地斜插至右路，则右后卫紧跟盯防，不交替看守。防守最根本的原则是紧逼和保护。只有紧逼才能有效地主动断抢，压制对方技术的优势而获取主动权；保护是为了更好地紧逼和控制空当。一定要保持阵型，并且注意补位。注意卡位和盯人，不要只顾追着球跑，也不要贸然上抢。

3. 几个诀窍

（1）对方无球时，可以稍微贴紧一点，不让其轻松地拿球转身，如果怕被瞬间加速抹过，也可以保持一点距离（针对力量型和速度型的对手应对方法不同，这时身体素质就很重要了）。

（2）对方已经拿到球并且正面面向你的时候，应该随着他的推进慢慢后撤，等待其他协防人员到位，尽量把对方逼到外线，留心远射，也不要退得太远，不要让对方能够从容转移调动。

（3）如果对方选择人、球分过，那么优先占住跑动路线而不是寄希望于一脚破坏，速度差距实在太大就阻挡犯规。

（4）对方边前卫切入禁区时，不要全部跑向前点防守，注意防范禁区前沿和后点的插上进攻人员。总的原则是不要被轻易突破，放边不放中。

（5）后场处理球要果断。边后卫切忌把球横传给禁区内的队友。控球分球不过关的，宁愿把球踢出边线、踢向前场也不要自己控球，特别是背对对方控球，很容易被截下。

五、防守原则

防守原则是当一个队失掉控球权时每个队员必须遵循的。这些原则指出了在对方一次进攻的整个防守过程中，守方在不同时间和不同场区应该完成的战术任务和要求以及需要采取的方法和手段。

1. 延缓进攻

对球失去控制转入防守的刹那，是夺回球最重要的时机，假如能毫不迟疑地立即展开紧逼和抢球就有可能把球夺回来。如果不能立即夺回球，那么失球的队员或在其附近的队员应立即逼近对方，不让对方向前传球或快速带球向前推进。特别要阻止对方发动快速反击，这有利于自己的队友迅速调整防守。防守对方控球队员的行动必须谨慎有效，迫使其做横传、回传，以减缓进攻速度，从而争得时间，退守到位，形成以多防少的有利局面。

2. 对口平衡

在延缓对手进攻速度的同时，其他队员赢得了退守到位调整防守位置的时间。出现中场攻守人数的均衡，加强了中场，巩固了后防。造成对方在刚发动进攻就不占有人数的优势。因此，无论是盯人防守还是区域防守，都要"对口"达到攻守人数平衡，才有可能稳固防守。

3. 收缩保护

在实现力量平衡的同时，要组织好整体防守，使防守集体性得到加强。每个人都要负起分工防守的责任，并注意互相保护和补位，"自由中卫"应选妥位置随时准备补位、保护，使危险区域（即门前区域）缩小防卫间的空隙，以有效地破坏和控制对手的进攻，使防守处于相对稳固的态势，力争将球夺回来。

4. 紧盯控制

当对方向本方罚球区及其附近推进时，每个防守队员都必须紧盯自己的对手，尽力不让对手在有利位置控球、越过、传球、射门，当守门员出击和扑球时，要及时做好保护或补门。

第三节　比赛阵型

一、十一人制阵型的发展和演变（见图5-3-1）

为了适应攻守战术的需要，全队队员在场上的位置排列和职责分工称为比赛阵型。各阵型的名称是按队员排列的形状而定的。自19世纪中期世界上第一个足球比赛阵型至今日的"四三三""三五二""四二四"等比赛阵型，以及某些国家所采用的"水泥式""锁链式"等，都是沿着这些基本阵型演变和发展而来的。

图5-3-1

二、五人制战术常用基本阵型

1. 3-1阵型（也称为1-2-1阵型）（见图5-3-2）

3-1阵型是指三名后卫和一名前锋的人员配置，此阵型注重防守，但在进攻时后卫可以压上助攻。此阵型易于掌握，适合训练时间较短的队伍。

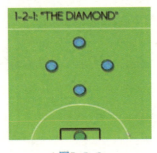

图5-3-2

2. 2-2阵型（见图5-3-3）

2-2阵型是由两名后卫和两名前锋构成，这种阵型攻守更加平衡，两名前锋通过穿插跑动和换位打乱对方的防守体系，为后面插上的队员射门得分创造机会。

图5-3-3

3. 2–1–1阵型（见图5–3–4）

2–1–1阵型在中场布置了一名队员，与两名后卫形成三角站位，使中场的实力得到巩固，中场队员进攻时可以给前锋传球，防守时又是中场的一道屏障。

图5–3–4

4. 4–0阵型

4–0阵型在前锋队员受伤、疲劳或者没有能力较强的前锋队员时使用，4–0阵型主要通过4名队员不断地转换场上位置来制造空当。

三、五人制足球基础战术

1. 2对2配合射门

此种进攻配合实用性很强，多采用踢墙式传切配合，在比赛中应用较多。

2. 传球后跑动

传球后跑动能吸引对方盯防队员，制造出空当，给控球和接应队员留出更开阔的空间。

3. 斜直线跑（给前锋拉开空当）

在对方半场进行斜线跑，能横向拉开对方的防守阵型，制造宽度，使前锋有更大的空间接、控球。

4. 传球给前锋后斜线跑

将球传给前锋后再进行斜线跑可以有效地牵扯对方的防守，以减轻前锋的压力。

5. 无球队员拉开空当机会

无球队员通过穿插、跑动牵扯对方的防守，吸引对方防守队员，给有球队员创造机会。

6. 向传球的反方向跑动

向传球的反方向跑动既可应用于传球者身后有较大的空间时，以便做回传反切配合，也可以只是吸引对方防守队员所做的跑动。

7. 攻守平衡

攻守平衡是指在进攻时，全队必须始终保持一到两名进攻队员处于对方最靠近本方球门的防守队员的后面（但不意味着一定要在自己半场防守），以防止对方反击。

8. 5打4（守门员参与进攻）

5打4的情况一般出现在一方比分落后且比赛即将结束时，一般称之为"超人"战术，比分落后的一方的守门员时常要到场上参与本方进攻，进而形成以多打少的局面。

四、八人制基础阵型与战术

根据不同的情况和战术打法的需要，八人制足球可采用4-3、4-1-2、3-2-2、3-1-2-1等不同阵型，现就几种常见的阵型战术打法分析如下：

1. 4-3阵型

（1）站位。

四名后卫队员包括两名中卫及左右各一名后卫，四人共同担当后防线的防守，一般采用区域防守呈U型站位，两边卫站位时较中卫前一些，两中卫居中负责门前的区域，左右两边后卫各负责一侧的区域，并都负责一定的进攻任务。

（2）进攻。

4-3阵型的三名前场人员的组成：包括一名中锋及其左右各一名边锋。三名前场队员各自主要担当自己区域的进攻任务，也要担当中前场的防守任务，并且要能够打出协调统一的整体进攻和灵活多变的战术变化。三名前场队员应当各有特点并应各取所长，如边锋队员应当在跑位具有牵扯能力、个人突破能力、组织传球能力、创造机会能力，中锋队员具有抢点射门能力、防守能力，并在身体素质和身高等方面各有不同的特点。前锋线的组合应当根据队员的特点和对方的弱点进行合理的搭配和细致的分工。进攻时，注意整体的移动和阵型的保持，适当利用球场宽度，多跑动接应，这样才能控制进攻的空间和层面。由攻转守时，每一名前场队员都应承担相应的防守职责。从防守位置上讲，在由攻转守时，离球最近的前锋应当立即反抢以延缓、限制对方的快速反击，最大限度减轻后防线的压力。

（3）防守。

对方在中路进攻，中卫应站内线盯防对方中路最前方的队员，另一名中卫应随时准备协防，如该进攻队员控球或距离控球队员较近时，则采取紧逼盯防，不要轻易出脚去抢球。如距离控球队员较远时，则适当保持距离，预防对手的摆脱；此时两侧的后卫注意保护中路，及时补位。对方越逼近球门，防守队员之间的保护距离应当越近、越密集。一旦中卫被突破，保护协防的后卫应迅速补位，中卫应拉到边上与之交叉换位。做到"有位有人"，这样防守才不会容易出现漏洞。

2. 4-1-2阵型

（1）站位。

4-1-2阵型与4-4阵型差异较大，位置的分工基本是四名后卫队员中有两名担任中卫居中，中卫前还有一个中场（此位置非常重要，防守时要积极参与反抢与补位，进攻时要参与传接与渗透），左右各一名边卫，两名前锋并列在前，使攻守更加平衡。4-1-2阵型是处于防守状态时的阵型排列。

（2）进攻和防守。

在进攻时应当采用2-1-4阵型，即两名边卫防守时才回收到后防线，中场有一人作为自由人可随时在进攻与防守之间切换，进攻时向前压到前锋线。所以这一阵型是一种攻守呈动态性平衡的阵型，利于在进攻和防守中形成局部的人数优势，但对两名边卫的技术和体能提出了更高的要求。

3. 3-2-2阵型

（1）站位。

一般而言，3-2-2阵型与4-4阵型大体上是相近的，只是把前锋线队员的基本位置和职责分工调整得更加清楚，但也会随着比赛的情况而做出相应的调整，如3-2-2阵型采用后卫线和中场线更加均衡的站位方法。

（2）进攻与防守。

此种阵型打法要求中场队员要控制中场，能够发挥对全队进攻的组织和调度的作用，两名前锋适当地向中路渗透，边卫参与助攻，利用跑位拉开对方空当，制造机会射门，从而威胁对方球门。显然，这一阵型变化是属于攻守均衡的阵型，利用中锋的回收使兵力密集中路，以加强对中场的控制。

4. 3-1-2-1阵型（见图5-3-5）

（1）站位。

采用前锋和后卫线呈两个正立三角形的站位方法，这种站位方法使中锋和中卫都凸出向前。

（2）进攻与防守。

中卫的前压是要在中后场提前做出防守判断，以切断对方的有效传接，破坏进攻套路的打法。前压是为了在进攻中发挥更大的作用，突出中场对进攻的支持，而且中锋和中卫之间要有较好的配合。进攻时左右两侧的边锋要起到牵制对方防守和辅助中路进攻的作用，中卫前压时，两侧的边卫要适当向中路收缩，防止对方向中路渗透，获得进攻机会。

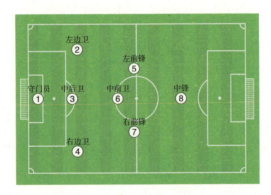

图5-3-5

五、局部的一些战术

1. 前卫站位原则

两名前卫呈左右站位，但二者要有分工，一名主守，一名主攻，二者可以灵活换位（见图5-3-6），但一定要有一名作为拖后中卫前的屏障，以避免对方直接面对拖后。

图5-3-6

2. 充分利用球场的宽度

许多业余球员的通病是一味地向前冲，一条线到底，实际上可以多回敲、多横敲；在没有强力中锋抢点之时，不要轻易起高球传中，因为这样效率太低。正确的做法是可以在禁区线回敲给后上的远射（见图5-3-7）。

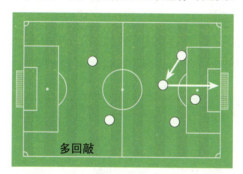

图5-3-7

3. 多传球的最高境界

尽量一脚出球，不与对方后卫身体接触是最高境界（见图5-3-8）。

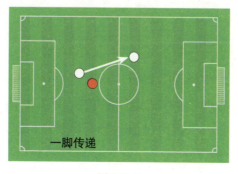

图5-3-8

4. 边后卫（4号和5号）与前卫（2号和3号）换位

小场的边后卫可以频繁后上帮助进攻，这时前卫一定要补其身后的空当，以防止进攻丢球后对方直接反击（见图5-3-9）。

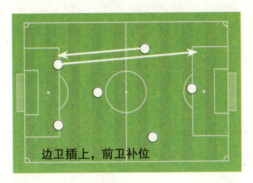

边卫插上，前卫补位

图5-3-9

5. 进攻时的注意事项

进攻时多传地面球，地面球容易停球处理，从边路敲向中间的地面球可以不停球一脚打门，尽量用内脚背将球压住传地面球（见图5-3-10）。

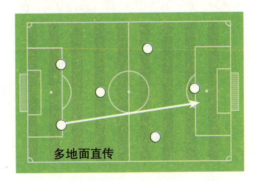

多地面直传

图5-3-10

6. 对每一脚球负责

用最稳妥、零失误的方式处理每一脚球，不要随便将球还给对手，这要求球员具有良好的基本功和自信心以及保持头脑清醒。如果过不了则不要硬过，没有接球人不要随便前传，可以回敲或横传（见图5-3-11）。

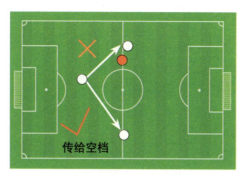

传给空档

图5-3-11

第四节 定位球战术

定位球战术是指在比赛中，利用对方犯规或球出边界而造成"死球"后重新开始比赛的机会，组织进攻与防守配合的战术方法。定位球战术包括中圈开球、角球、任意球、点球、掷界外球等。

在势均力敌的高水平比赛中，定位球战术有时起决定胜负的作用。在配合上要利用简练的一次配合取得射门机会，因为配合越复杂，成功率就越低。故要进行专门的练习，才能在比赛中发挥实效。

一、定位球的基本

	比赛中指导的关键点
1	让队员发挥
2	死球的时候给予信息
3	不要通过持续地叫喊去控制队员
4	如果做得成功，给予认可和肯定（积极信息）
5	鼓励队员敢于冒险，首先是射门和得分

二、角球和任意球防守的基本方面

1	人盯人很简单，但不是最有效的，因为总是会有队员在1防1的情况下漏人
2	现在最常用的边路任意球防守方式，是线性区域防守，但是根据线的位置是有所不同的
3	在角球防守时，仍旧有人盯人方式，但是越来越多的球队首选通过区域防守，占据危险包抄位置
4	角球防守时，有不同的区域防守方式，利用不同数量的队员，首选是2条线的体系，同样也可用远端界外球的防守方式
5	近距离任意球防守，用3—6名队员做墙的方式仍旧被广泛使用

三、角球和边路任意球区域防守的关键点

1	通过区域防守，占据射门区域和包抄位置，这种方法已被越来越多的顶级球队采用
2	最普遍的方法是采用3—4名球员站在守门员禁区线上占据球门
3	球员防守线间的距离通常为2—3米，另外，再有几名球员占据近侧门柱、远侧门柱和2点球位置
4	球员通过封闭空当阻挡对手射门，并解围被对手得到的球
5	站门柱的球员在解围后应快速压上。此外，线性防守的球员等待2点球

四、任意球和界外球进攻基本概念

直接任意球	间接任意球
直接射门：注意守门员的反应	像发角球一样
简单明了：高速射向球门空当	利用直接任意球变化
传球后射门可增加射向开放空当的机会	传球后射门
短传配合后的得分：需要速度与准确性	短传配合后得分

界外球
界外球快速发进对手防守三区：快发有很多优势
长距离界外球同角球一样：组织短传配合
其他情况：快发可提高行动速度

第五节 守门员要求

守门员是足球比赛队员的位置名称，位于球门前，是一个队的最后一道防线。主要任务是守卫球门不让球进入。由守转攻时，则用快速、准确的传球组织发动进攻。守门员是球队中唯一可在罚球区内用手处理球的队员，在争夺罚球区内的高空球时起到第三中卫的作用，亦是整支球队防守和反击不可或缺的中坚力量。

概括起来，对守门员的要求主要体现在以下两点：

第一，守门员要果断出击，特别是用直塞球和过顶球打后卫身后的球，需要守门员快速出击。

第二，守门员在没有把握拿稳或击出禁区时，就不要盲目摘高球，根据临场情况决定用双拳或单拳将球击出。贴近横梁的大力远射托出去比较保险。

总之，比赛中，守门员要有勇有谋，球场上要多鼓励、少埋怨。如果在实力逊于对手的情况下，尽全力地奔跑和拼抢就是竞争的资本，队员自己也要有一股不服输的劲头。队长、守门员和教练要鼓舞队员的士气，因为队友之间的鼓励与信任是一支优良球队的良好底蕴。

第六章

比赛规则

第一节　十一人制通用规则

一、比赛的人与物

1. 场 地

比赛场地必须是长方形并且用线来标明。这些线作为场内各个区域的分界线应包含在各个区域之内。两条较长的边界线叫边线，边线的长度必须长于球门线的长度。长度（边线）：最短为90米（100码），最长为120米（130码）；两条较短的线叫球门线。宽度（球门线）：最短为45米（50码），最长为90米（100码）（见图6-1-1、图6-1-2）。

图6-1-1

图6-1-2

2. 用 球

比赛中在场地通常使用的球应具有正式的"国际足联批准""国际足联监制""国际比赛球标准"的标志。

3. 队员替补

正式比赛最多可以使用3名替补队员。在其他比赛中，只要双方关于替补人数达成一致意见，比赛前通知裁判员即可增加替补人数。替补时需注意：

（1）只能在比赛停止时替换队员。

（2）在进入场地之前，替换队员应等待被替换队员退场离开比赛场地。

（3）一名替补队员在双脚没有完全踏入比赛场地内而完成履行替补程序，不能由其执行掷界外球或角球重新开始比赛。

（4）如果一名被要求替换下场的队员拒绝离开比赛场地，比赛应继续。

（5）如果有替补队员在半场休息或在加时赛之前要求替换，应在下半场或加时赛开始之前完成替换程序。

（6）所有替补队员无论上场与否，裁判员均有权对其行使职权。

4. 队员装备

队员在上场比赛时，严禁使用或佩带任何饰物，如项链、戒指、手镯、耳环、皮带、橡胶带等，用胶布等类似物品包裹或遮挡也不允许。

5. 裁判员

（1）裁判员的权力：

每场比赛由一名裁判员掌控，该裁判员全权执行与比赛有关的竞赛规则。

（2）权限和职责：

①与助理裁判员和第四官员（如有）合作控制比赛。

②记录比赛时间和比赛成绩。

③决定是否由于违反规则而停止、中断或中止比赛。

④当一名队员同时有一种以上的犯规时，则对较严重的犯规进行判罚。

⑤对应实施纪律处罚的队员进行警告或罚令出场。根据情况，纪律处罚不一定立即做出，但在比赛下一次停止时必须做出。

⑥比赛停止后示意重新开始比赛等。

裁判员根据与比赛相关的事实所做出的决定，包括是否进球和比赛的结果是最终决定。

裁判员如果意识到其决定错误，或经助理裁判员、第四官员建议后，可以改变决定，但必须在比赛未重新开始且未终止前做出。

二、比赛的规则知识

1. 开 球

通过掷币，猜中的一方选择上半场进攻方向，另一队开球。猜中的一方在下半场开球。下半场双方交换比赛场地并向对方球门进攻。

开球是比赛开始和重新开始的一种方式，在以下几个环节，开球可以直接射门得分。

（1）在比赛开始时。

（2）在进球得分后。

（3）在下半场比赛开始时。

（4）在加时赛两个半场开始时。

2.比赛停止及进行

（1）下列情况为比赛停止：

①当球无论从地面或空中全部越过球门线或边界线时。

②当比赛已被裁判员停止时。

（2）其他所有时间均为比赛进行中，包括：

①球从球门柱、横梁或角旗杆弹回场内。

②球从比赛场地上的裁判员或助理裁判员身上弹回场内。

3. 越 位

（1）越位位置的理解——队员处于越位位置本身并不构成犯规。

队员处于越位位置：

队员较球和最后第二名对方队员更接近对方球门线。

队员不处于越位位置：

① 该队员在本方半场内。

② 该队员齐平于最后第二名对方队员。

③ 该队员齐平于最后两名对方队员。

（2）确定越位犯规——处于越位位置的队员，在同队队员踢或触及球的一瞬间，裁判员认为其下列方式参与了现实比赛时才被判为越位犯规：

① 干扰比赛，或利用越位位置获得利益。

② 干扰对方队员，或利用越位位置获得利益。

（3）确定越位没有犯规——如果队员直接从下列情况下接到球，则没有越位犯规：

① 接球门球。

② 接掷界外球。

③ 角球。

（4）违规与判罚——对于任何越位犯规，裁判员应判对方在犯规发生地点踢间接任意球。

4. 犯规与不正当行为

下列情况将被判罚犯规或不正当行为：

（1）直接任意球。

裁判员认为，如果队员草率地、鲁莽地或使用过分的力量违反下列7种犯规

97

中的任意一种，将判对方踢直接任意球：

①踢或企图踢对方队员。

②绊摔或企图绊摔对方队员。

③跳向对方队员。

④冲撞对方队员。

⑤打或企图打对方队员。

⑥推对方队员。

⑦抢、截对方队员。

如果队员出现下列3种犯规中的任意一种，也可判对方直接任意球：

①拉扯对方队员。

②向对方队员吐唾沫。

③故意手球（守门员在本方罚球区内除外）。

罚球点球——在比赛进行中无论球在什么位置，如果队员在本方罚球区内违反了上述10种犯规中的任意一种，应被判罚球点球。

（2）间接任意球。

如果守门员在本方罚球区内违反下列4种犯规中的任意一种，将判对方踢间接任意球：

①用手控制球后超过6秒钟没有放开（手对球的控制）。

②在放开手对球的控制后，未经其他队员触及球再次用手触球。

③用手触及同队队员故意踢来的球。

④用手触及同队队员直接掷入的界外球。

裁判员认为，队员在出现下列情况时，也将判对方踢间接任意球：

①以危险的方式比赛。

②阻碍对方队员行进。

③阻挡对方守门员从其手中发球。

（3）可警告的犯规（黄牌）

如果队员出现下列7种犯规中的任意一种，将被警告并出示黄牌：

①非体育道德行为。

②以语言或行动表示不满。

③持续违反规则。

④ 延误比赛重新开始。

⑤ 当以角球、任意球或掷界外球重新开始比赛时，不退出规定的距离。

⑥ 未得到裁判员许可进入或重新进入比赛场地。

⑦ 未得到裁判员许可故意离开比赛场地。

如果替补队员或者替换下场的队员出现下列3种犯规中的任意一种，将被警告：

① 有非体育行为。

② 以语言或行动表示不满。

③ 延误比赛重新开始。

（4）可警告的犯规（红牌）

如果队员、替补队员或替换下场的队员出现下列7种犯规中的任意一种，将被罚令出场并出示红牌：

① 严重犯规。

② 暴力行为。

③ 向对方或其他任何人吐唾沫。

④ 用故意手球破坏对方的进球或明显的进球得分机会（不包括守门员在本方罚球区内）。

⑤ 用可能判为任意球或球点球的犯规破坏对方向本方球门移动着的明显的进球得分机会。

⑥ 出现攻击性的、侮辱的或辱骂性的语言或动作。

⑦ 在同一场比赛中得到第二次黄牌警告。

补罚令出场的队员、替补队员或替换下场的队员必须立即离开比赛场地附近的技术区域。

第二节　室内五人制比赛规则

一、比赛的人与物

1. 球场尺寸

比赛场地必须是长方形并且用线来标明。两条较长的边界线叫边线，边线的长度必须长于球门线的长度。长度（边线）：最短25米，最长42米；两条较短的线叫球门线。宽度（球门线）：最短16米，最长25米；国际比赛场地的长度（边线）：最短38米，最长42米；宽度（球门线）：最短20米，最长25米。（附图示：图6-2-1为完整图，图6-2-2为场地简图，图6-2-3为平面图，图6-2-4为换人区。）

图6-2-1

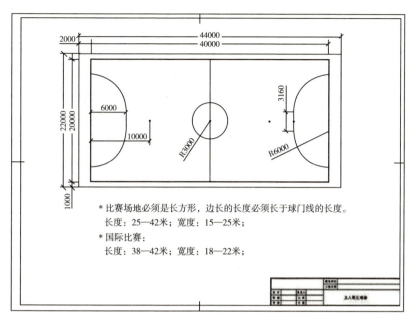

* 比赛场地必须是长方形，边长的长度必须长于球门线的长度。
  长度：25—42米；宽度：15—25米；
* 国际比赛：
  长度：38—42米；宽度：18—22米；

图6-2-2

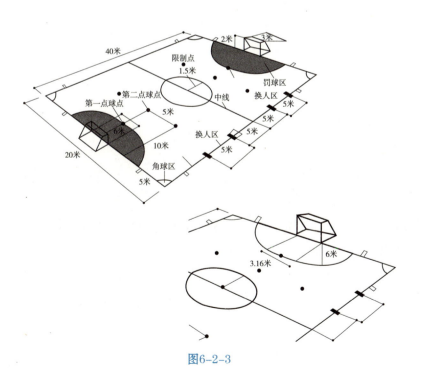

图6-2-3

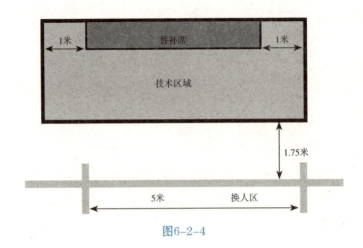

图6-2-4

2. 场 地

球场地面必须平坦，硬度合适，以不伤害运动员和不影响球的正常弹力和运动员为原则。可选用木材或合成材料，应避免使用混凝土或柏油材质。

3. 界 线

比赛场地是用线来标明的，这些线作为场内各个区域的边线应包含在各个区域之内，线的宽度一律为8厘米。界线分为边线、球门线、中线、中圈线、罚球线、替换区线。连接球门的两条短线叫球门线，连接球门线的两条较长的线叫边线，横穿球场中间连接两条边线的线叫中线，在中线的中点画一个明显的标记，并以此为圆心，以3米为半径画一个圈叫中圈。

4. 罚球区

从球门柱外侧沿球门线量6米，以此为半径向场内各画一个四分之一的圆，并垂直与球门柱向场内画的假想线相交。两弧线的上部与一段长3.16米的直线相接，此直线与球门线平行。弧线与球门线组成的区域范围即为罚球区。

5. 罚球点

在两门柱之间的球门线取一中点，向罚球区弧线引一垂直线与弧线相交之点做一标记，称为第一罚球点；向场内量10米设置一个罚球点，称为第二罚球点。

6. 角球弧

在比赛场内，以距每个角25厘米为半径画一个四分之一的圆。

7. 换人区

换人区设在场地同一边两个替补席的前面，队员在此区域进行替换。换人区5米长，两端有两条长80厘米的线（40厘米画在场内，40厘米画在场外），此两条直线与边线垂直相交。

8. 球　门

球门设在两条球门线的中央，由两根内侧相距3米的直立门柱与一根下沿离地面2米的水平横梁连接而成。门柱与横梁的宽度均为8厘米。球网由大麻、黄麻或尼龙材料制作而成，系在球门柱及横梁的后部，球网下面以弧线柱或其他适当物体支撑。球门网的深度，即由门柱内侧向球门后的空间距离，上端至少80厘米，下端至少100厘米。球门可以移动，但在比赛时必须安全地固定在地面上。

二、比赛用球

比赛用球需要用皮革或其他适当的材料制成，其圆周为62—64厘米，重量为400—440克，压强为0.4—0.6个大气压。如果球在比赛过程中破裂或损坏，应停止比赛，用更换的球在原球破漏时所在地点以坠球重新开始比赛。如果球在开球、掷界外球、角球、任意球、罚球点球或踢界外球时破裂或损坏，则更换球后按照相应的规定重新开始比赛。比赛进行中，未经裁判员允许不得更换球。

三、队员人数

1. 队　员

一场比赛应由两队参加，每队上场队员不得多于5人或少于3人，其中必须有1人为守门员。

2. 替补程序

在每场比赛中，各队可依照国际足联、洲际联合会或国家协会的正式比赛规则使用替补队员。替换队员不得超过7人。替换队员次数不受限，可以重复替换上场。替换队员可以在比赛进行中或死球时替换（守门员除外），替换时出、进场队员均需到本方替换区，先出场后进场。守门员可以和任何队员互换位置，但必须报告裁判员，并在死球时互换。

3. 违规与判罚

替换队员未完全离场就进场，裁判员应要求停止比赛，令提前进场的替换队员出场，并对其实行黄牌警告。判由对方队员在比赛暂停时球所在的位置踢间接任意球。如暂停时球在罚球区内，则该间接任意球应在比赛暂停时距球最近的罚球区线上执行。换人时，如果替补队员或被替补队员未由规定换人区入场或离场，裁判员应停止比赛，对违规行为进行黄牌警告。判由对方在停止比赛时球所在地点踢间接任意球恢复比赛。如暂停时球在罚球区内，则在距停止比赛时球所在地点最近的罚球区线上踢出。

四、队员装备

1. 安全性

队员不得使用或佩戴可能危及自己及其他队员的装备或任何物件（包括各种珠宝饰物）。

2. 基本装备

基本装备主要包括：运动上衣、短裤、护袜、护腿板、足球鞋（只允许穿胶底或类似材料做成的帆布鞋、软皮面训练鞋或体操鞋）。上衣背后必须有1—15之间的号码，号码颜色须与上衣颜色有明显差异。国际比赛中，比赛服装的前面也应印上号码，字体可相对小一些。护腿板必须由护袜全部包住，由相应的材料制成（橡胶、塑料或其他类似材料）。守门员服装的颜色必须有别于其他队员和裁判，可穿长运动裤。如果场外队员替换守门员，则要在该队员穿的守门员球衣背后标上其原来守门员的号码。

3. 违规与判罚

违规队员被令离场或配齐有关的必需装备，在重新入场前，需先向其中一名裁判员报告，并经裁判员检查，其装备符合规定后，方可在比赛成死球时入场。

五、裁判员

第一，每场比赛由一名裁判员控制，具有全权执行与比赛有关的竞赛规则的权力。裁判员的权限和职责与十一人制足球规则相同。

第二，裁判员在记分台对面的边线沿边线执法，必要时可适当进入场地内执法。

第三，只有裁判员才能向违规队员出示黄（红）牌。

第四，裁判员执法时应具备的器材是哨子、手表、黄（红）牌、珠笔和记录卡。

第五，裁判员的裁判服应区别于队员的服装颜色。

六、第二裁判员

1. 每场比赛应委派一名第二裁判员，该第二裁判员与裁判员隔着场地对面沿边线执行任务。第二裁判员也可以使用哨子。

2. 第二裁判员按照竞赛规则协助裁判员执法和控制比赛。

3. 第二裁判员有权因队员违反规则而停止比赛。

4. 应保证换人时程序正确。

5. 第二裁判员如有过分干预或不适当的表现时，裁判员可解除其职责，指派他人代替，并将事件报告至有关部门。

七、计时员和第三裁判员

1. 职 责

比赛时应委派一名计时员和一名第三裁判员，他们坐在换人区同侧靠近中线的场外。计时员和第三裁判员应配备计时器及可以显示累计犯规次数的设备，这些设备应由比赛场所属协会或俱乐部提供。

2. 计时员

计时员需保证比赛时间与规则相符。在比赛开始后开动计时器，在比赛成死球时，暂停计时器。当踢界外球、角球，掷球门球，任意球，从罚球点或第二罚球点执行罚球点球，暂停或坠球恢复比赛后，计时员开动计时器，控制一分钟暂停。当有队员被罚令出场时，负责罚停两分钟的计时。以不同于裁判员的哨音或其他声音信号示意上半场、全场、加时赛及暂停时间结束。记录每队所剩的暂停次数并使裁判员、球队了解这些情况。在任何一队的教练员要求暂停时，示意准许比赛暂停。记录各队上下半场裁判员已登记的前五次犯规及在某队第五次犯规时发出信号。

3. 第三裁判员

第三裁判员需协助计时员工作。如果场上裁判员受伤时，第三裁判员可代替其行驶裁判员或第二裁判员的职责。

计时员和第三裁判员如有过分干预或不合适的表现时，裁判员可解除其职责，指派他人代替并将事件报告有关部门。

八、比赛时间

比赛分为两个20分钟的半场，中场休息时间不得超过15分钟。在每半场比赛因各种原因损失的所有时间应被扣除。在每半场比赛结束时，如因执行罚点球，应允许延长时间执行罚完球点球。每队在每半场可以向计时员申请一次1分钟的暂停，但须遵循如下规定：只有球队教练员有权向计时员提出暂停1分钟的要求。可随时要求暂停，但只有在本方控球时才给予执行。暂停后，双方队员应留在场内，在靠近替补席的边线处听取教练员的指示，而教练员则不能进入场内做指示。如某队在上半场未要求暂停，则在下半场也只能要求暂停一次。

九、比赛开始和重新开始

1. 通过掷币，猜中的队决定上半场比赛的进攻方向。另一队开球开始比赛，猜中的队在下半场开球开始比赛。下半场比赛两队交换比赛场地。

2. 开球时所有队员站在乙方半场内，球静止在球场的中央点上，开球队的对方队员距球至少3米远。裁判员发出信号后，当球向前踢动时，比赛即为进行。

3. 中圈开球可以直接射门得分。在球触及其他球员之前，开球球员不可进行第二次触球。当一队进球之后，由另一队在中圈重新开球。当球在比赛中，球还未越出边线或球门线，由于规则中未规定的任何原因，除非立即停止比赛，否则不能处理意外事件，在必要时暂停之后，以坠球的方式重新开始比赛。

十、比赛进行及死球

1. 比赛继续进行

球从球门柱或横梁弹回场内；球从场内的裁判员或第二裁判员身上弹回场内。

2. 比赛成死球

比赛成死球主要有以下几种情况：球的整体从空中或地面越过球门线或边线时；当比赛被裁判员停止时；当球击打到天花板时。

十一、计胜方法

1. 进球得分

凡符合竞赛规则，将球的整体进入对方横梁下两门柱之间的球门线内即为进球得分。

2. 比赛结果

两队比赛，谁进球多谁为胜队，如果双方进球数相等或均未进球即为"平局"。

十二、犯规与不正当行为

1. 没有越位犯规

比赛中不允许铲球。

2. 界定犯规的方法

界定犯规的方法与十一人制比赛基本相同。

3. 五人制比赛有累计犯规

累计犯规是指可被判为直接任意球或球点球的犯规。一队半场比赛中累积到第六次犯规时若应被判为直接任意球，对方在第二罚球点罚直接任意球，守方不得排人墙防守，攻方必须直接射门。若犯规地点在第二罚球点假想平行线与球门线之间，攻方可选择在犯规地点或第二罚球点发出。

4. 同一场比赛同一队员被出示两张黄牌应同时出示红牌罚该队员出场

被红牌罚出场的队员不能坐在替补席上。也不能重新进场比赛，并停止下一场比赛，其所属的球队应在队员被罚出场2分钟后再重新补充队员上场（上场队员站到替换区由助理裁判示意或记录方允许方可进场）。

5. 队员被罚令出场2分钟以内的替补规定

（1）如果场上是5打4，人数较多的一方攻入1球，这时只有4名队员的一方可以补充队员。

（2）如果场上是4打4或是3打3，当进球以后，双方都不补充队员。

（3）如果场上是5打3或4打3，人数较多的一方攻入1球，这时只有3名队员的一方只能补充1名队员。如果人数较少的一方攻入1球，则不补充队员。

十三、任意球、罚球点球、界外球、球门球、角球

1. 任意球

任意球包括直接任意球和间接任意球两种，直接任意球直接入门得分，间接任意球直接入门不算得分，除非入门前碰到对方或本方队员进门可算得分。某队踢任意球时对方队员距球至少5米远。将球放定在犯规地点后，须在4秒内踢出，超过4秒将判给对方踢间接任意球。在本方罚球区内踢任意球，球要出罚球区比赛才算开始。在对方罚球区内踢任意球，球应放在距犯规地点最近的罚球区线上进行。

2. 罚球点球

罚球点球时，除守门员和主罚者外，其他队员须退至罚球区外的场地内，并至少距罚球点5米远。对方未踢球前，守门员必须站在两门柱之间的球门线上。

3. 界外球

当球的整体从地面或空中越过边线后，应由球出界前最后触球的对方在球出界处踢界外球恢复比赛。踢界外球直接进门不算得分。踢界外球时须将球放在球出界处的边线上。踢球队员一只脚站定在边线上，用另一只脚将球踢进场内（不能助跑或跨步踢球），对方队员须距球5米远。

4. 球门球

球的整体从地面或空中越过球门柱外的球门线，而最后踢或触球的攻方队员判由守方守门员掷球门球。守方守门员站在本方罚球区内，用手将球掷出本方罚球区，但不得将球掷过中线，比赛方算开始。若球掷出后被罚球区外掷球方半场内的队员（不论哪方）踢或触及，球落在任何一方半场也算合规。掷球门球时，对方队员在球未被掷出罚球区之前应站在罚球区外。守门员将球掷出罚球区，但未被本方半场的队员踢或触及而越过中线则判违规，由对方在球越过中线处踢间接任意球。

5. 角 球

球的整体从地面或空中越过球门柱外的球门线后，而最后踢或触球的是守方队员，判为攻方踢角球。踢角球时须将球放定在距出线较近的一侧角球弧

内，角球可以直接射门得分，必须在4秒内将球踢出，对方队员要距球5米远。

十四、互踢球点球决胜的规定

互踢球点球决胜负时，裁判员选定一个球门，召集双方队长猜币选踢，猜中的一方先罚。罚球队员由比赛结束时场上的各5名队员全部轮流踢，不足5名队员的可由替补队员补足再踢。在踢满5次前，有一方进球已明显超过另一方时，比赛结束，进球多的队获胜。踢完第一轮尚未决出胜负的，继续由场上队员轮流踢，在踢球次数相同的情况下，谁进球多谁胜（不用踢满5次）。场上队员均有权与守门员互换位置。除轮到踢点球的队员外，其余队员均站到中圈内。裁判员确定队员受伤后，可由场外替补队员补上。

第七章

足球专项身体素质

　　足球运动中的体能是指符合足球专项运动特点的运动员的机体基本能力，是运动员竞技能力的重要构成部分。良好的体能训练是足球运动技、战术训练的基础，是足球运动员承受大负荷训练和高强度比赛的基础，是足球运动员在训练和比赛中保持稳定、良好的心理状态的保证，能够预防伤病，延长足球运动员的运动寿命。

第一节　力量素质

一、发展颈部、上肢、肩背力量的练习

1. 两手扶头，在颈部转动时给予抵抗力。
2. 俯卧撑（可将双手撑在健身球上进行练习）。
3. 推小车练习。

二、发展腰腹力量的练习

1. 仰卧起坐（加转体），仰卧举腿（斜板）。
2. 侧卧体侧屈，侧卧双腿上举，俯卧做体后屈（同时能抬腿）。
3. 跳起空中转体，收腹头顶球。
4. 展腹跳。

三、发展腿部力量的练习

1. 加强各种跳跃练习，如多级跳、立定跳、助跑跳等。
2. 快速摆动大、小腿，可绑沙袋，也可用橡皮筋增加阻力。
3. 远距传球，射门练习。
4. 骑人提踵。

第二节　速度素质

一、反应速度、位移速度、动作速度

1. 各种姿势的起跑

在10—30米以内，进行各种姿势的起跑练习。

2. 快速跑或快速运球期间的动作表现

在快速跑或是快速运球中，认真听、看教师信号，进行急停、转身、变向、跳跃、翻滚等动作的练习。

3. 专项练习提升速度

通过快速小步跑、高抬腿跑、顺风跑、下坡跑、牵引跑等练习，突破速度障碍。

4. 全速运球跑和变速变向运球跑（见图7-2-1—图7-2-3）

图7-2-1

图7-2-2

图7-2-3

5. 训练设备

14个标志锥，每名球员1个球。

6. 场地设置

用4个标志锥分别设置两条起跑线，两条起跑线之间相隔8米。每条起跑线之前距5米远处，用5个标志锥设置1条每个标志帽间隔1米的直线。

7. 训练形式

形式1：两队的第一名学生用右脚带球绕过面前的第一个标志锥然后返回本组，只要第一名学生绕过标志锥，第二名学生即可马上开始带球。

形式2：每队第一名学生带球来到第一个标志锥，将球停在第一个标志锥的右侧，然后这名学生向前跑着绕过所有标志锥再直线跑回球旁，最后带球返回本组。在第一名学生绕过所有标志锥时，第二名学生就开始带球跑，并将球停放在第一个标志锥的左边，然后跑着绕过所有的标志锥。

8. 训练提示

（1）可改变学生不同的带球方式（大步带球和小步带球）。

（2）在每个训练形式里都可以变换不同的带球路线。

（3）每个训练形式里都可以让学生分别用左、右脚进行带球练习。

（4）每个训练形式都可采用计分竞赛的方式进行。

二、绕杆跑，运球绕杆（见图7-2-4、图7-2-5）

图7-2-4　　　　　　　　　　　　　图7-2-5

1. 训练设备

10根标志杆，7个标志锥，每名球员1个足球。

2. 场地设置

用4个标志锥设置两条互相间隔5米的起跑线，每条起跑线前5米各用3个标志杆铺成1个三角形，底边与起跑线平行。在两组标志杆三角形中间之后的8米远处，横着平放4根标志杆，每根间隔0.5米，在此4根标志杆前2米远处放1个标志锥，在此4根标志杆后2米处放两个间隔2米的标志锥组成标志锥球门，两组学生站在两条起跑线前。

3. 训练形式

每组第一名学生跑向面前的三角形标志杆组，双脚向前跳进三角形，再从三角形侧边跳出，跳到外侧，半转身接本组球员传球，然后带球绕三角形组再返回本组。

4. 训练提示

（1）在训练中可以增减足球的数量，既可以无球，也可以每名球员都有1个足球。

（2）训练中的每个部分都可先分解开来单独练习，然后再逐步组合在一起集中练习。

（3）教师应注意训练的难度，要符合学生的技术水平。

（4）利用简单的战术配合练习速度。

第三节 耐力素质

一、有氧耐力训练

1. 3000米或5000米等不同距离跑。

2. 穿足球鞋长距跑。

3. 100—200米间歇跑，400—800米变速跑。

二、无氧耐力训练

1. 30—60米重复多次冲刺跑。

2. 100—400米高强度反复跑。

三、各种短距追逐跑

1. 进行5米、10米、15米、20米、25米折返跑。

2. 往返冲刺传球。

3. 在规定时间内进行不同人数抢传练习。

第四节 灵敏协调素质

一、交叉步前进以及后退练习和侧向移动练习

1. 3米宽快速滑步×20次×4组。

2. 5米宽快速滑步×20次×4组。

3. 6米折返跑×10次×4组。

4. 5米上下进步、退步×10次×4组。

5. 蛙跳×3下往返。

6. 低重心滑步两边（3米宽）捡球、放球×6个球（见图7-4-1）。

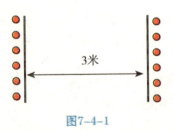

3米

图7-4-1

二、各种跑：快速后退跑、转身跑、快速跑动中看手势变向

1. 脚步移动，横向快速移动×10次（见图7-4-2）；纵向快速上步退步×5次（见图7-4-3）。

2. 快速小跑踩脚×10秒起动冲刺×10米。

3. 原地快速高抬腿×30次起动冲刺×10米。

4. 原地快速收腹跳×10次起动冲刺×10米。

5. 原地快速收腹分腿跳×10次起动冲刺×10米。

6. 原地快速收腹直腿跳×10次起动冲刺×10米。

7. 原地360度旋转跳正反往返6次×10次起动冲刺×10米。

8. 原地侧身起跳（半蹲，脚面朝下）起动冲刺×10次×10米。

9. 原地俯卧撑拍手×10个起动冲刺×10米。

10. 原地俯卧撑后展跳×10个起动冲刺×10米。

11. 跨步跳×10次×30米。

12. 单腿跳（高抬）×10次×30米×左右。

13 蛙跳（后展）×10次×30米。

14. 腰腹肌（腹肌一头起左右转，左右侧腰肌，背腰肌）。

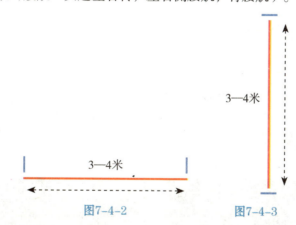

图7-4-2　　　　　　　图7-4-3

三、各种翻滚和起动跑

1. 中线—25码（约折合23米）高速冲刺（直线）×4组。

2. 中线—25码（约折合23米）高速冲刺（"Z"字形跑，变向6次以上）×4组。

3. 中线—25码（约折合23米）高速冲刺（折返跑，往返6—7次以上）×4组。

4. 中线—25码（约折合23米）高速冲刺（倒退变向跑，变向6次以上）×4组。

四、听掌声、哨声起动跑

1. 两臂快速上下放举，嘴依次重复喊三、四、五、六次冲刺。

2. 快速收腹跳，嘴依次重复喊三、四、五、六次冲刺。

3. 俯卧撑击掌，嘴依次重复喊三、四、五、六次冲刺。

4. 背身快速踩脚，听哨转身依次喊三、四、五、六次冲刺。

五、喊号追人

略。

六、两人冲撞躲闪

两人在跑、跳运动中，做迅速改变方向的各种跑、跳以及快速急停、突然起动和迅速转身等动作练习。

七、各种动作过障碍

其动作主要包括变向、转身、滑步等。

八、各种绳梯步伐练习（见图7-4-4、图7-4-5）

图7-4-4　　　　　　　　　　　图7-4-5

1.训练设备

2个8格敏捷梯和6个标志锥。

2.场地设置

用4个标志锥设立两条间隔5米的起跑线。每条起跑线前5米放置一个敏捷梯。在两个敏捷梯前8米处放两个间隔10米的标志锥，组成标志锥球门。两队学生分别站在两条起跑线前。

3. 训练形式

形式1：两组第一名学生同时出发，单脚跳完敏捷梯的每一格，然后穿过标志锥球门，绕过标志锥，小步慢跑回本组。

形式2：同形式1，但学生要双脚跳完敏捷梯的每一格。

形式3：同形式1，但学生要双脚跳完前4格，单脚跳完敏捷梯的后4格。

形式4：每组第一名学生用侧步跑完敏捷梯的每一格，即该学生从敏捷梯第一格的右侧开始，双脚踏进第一格，双脚再从敏捷梯左侧踏出，然后再从敏捷梯左侧双脚踏进敏捷梯第二格，依次类推。

形式5：每组学生用双、单脚交替踏入敏捷梯，即以2-1-2-1-2-1-2-1的节奏，完成敏捷梯部分后直接冲刺到标志锥球门。

形式6：每组第一名学生绕敏捷梯冲刺跑一圈，然后回到起始位置，用双脚踏入敏捷梯的每一格，完成后在敏捷梯外原地转一圈，冲刺到标志锥球门。

形式7：每组第一名学生冲刺跑至另一组的敏捷梯，用侧步完成敏捷梯的每一格（请对比形式4），然后冲刺至标志锥球门，之后返回对方组排队。

4. 训练提示

（1）每个训练形式都可以用同时起跑、计分竞赛的方式进行。

（2）教师应注意每个练习里奔跑部分的正确执行，尤其是在敏捷梯部分的奔跑。通常只有脚掌踏入敏捷梯的每一格，双臂在运动中来辅助平衡。

（3）教师应注意让学生的目光逐渐从地上的障碍物上移开。

第五节 柔韧素质

1. 颈前屈、侧屈、后屈并绕环，体前屈、侧屈、后屈并振动。

2. 前弓步与侧弓步压腿，纵劈腿与横劈腿。

3. 前踢腿、后踢腿、侧踢腿以及腿绕环。

4. 站立体前屈下压，背伸、展腹屈体练习以及腿肌伸展练习。

5. 模仿内外颠球动作，单腿连续做内翻和外翻练习，模仿内扣以及外扣动作，单腿连续进行内转、外转动作练习。

6. 两腿交叉的各种跨步、转身动作练习。

7. 踢球、顶球、抢截球等各种技术动作的模仿练习。

第六节　组合练习

一、绕标志杆跑（见图7-6-1—图7-6-3）

图7-6-1　　　　　　　　　　　图7-6-2

图7-6-3

1. 线路说明

距出发点4米处摆放第一根标志杆，标志杆间距1米，共放5根标志杆。

2. 练习方法

从出发点出发，绕标志杆做一次往返跑，出发点即为终点，冲过终点即计时结束。

二、绕标志桶跑

1. 线路说明

距出发点2米处摆放第一个标志桶，标志桶间距为2米，共放5个标志桶，第2、4个标志桶向左延伸3米处摆放。

2. 练习方法

从出发点出发，绕标志桶做一次往返跑，出发点即为终点，冲过终点即计时结束。

三、颠球+传球组合练习

1. 线路说明

颠球区为长方形，区域面积为8米×5米。距颠球区2米处摆放第一根标志杆，标志杆间距为1米，共放3根标志杆。第三根标志杆向左延伸3米处放第一个标志桶，共放4个标志桶。

2. 练习方法

在颠球区进行颠球，男生需颠球10个，女生需颠球5个，完成后用脚将球停稳在颠球区，按照线路从标志杆的右方出发至传、接球区。传球须从传球线外进行，与挡板接触反弹回传球线后即完成一次，若不能反弹到传球线后，须自行运球到传球线后。完成传球后，沿返回路线至终点线。

四、运控球绕障碍射门

1. 线路说明

起点距第一个标志杆2米，放4个直线标志杆，标志杆间距为1.5米。第5个标志桶距第4个标志杆向右延伸3米处摆放，共放2个标志杆。球门距绕杆运球区8米远。

2. 练习方法

从起点运球出发，按照路线从标志杆的右方出发至射门区。运球漏杆、不按规定线路进行的，均不计算成绩。运球绕杆结束后即可射门，射门距离不限。射门未进的，可在射门区取球补给点用脚取球进行补射（射门区另外设置足球2个）。

第八章

足球运动量监测与运动保护

第一节　运动量测量与评价

在足球训练时，应如何判别自己的训练水平？运动强度是否恰当？接下来，先认识几种测量方法。

一、最大心率测定法

1. 最大心率（FCmax）=220−年龄

2. 大强度：最大心率的80%以上

3. 中等强度：最大心率的60%—80%

4. 低强度：最大心率的60%以下

利用这一公式就可判定自己的训练情况。例如，一名13岁的学生，训练时心率为168次/分，那么他已用了他最大心率220−13=207次/分的72%（168÷207×100=81%）。因此，这对于该生已经是大强度了。

二、心率储备测定法

1. 利用心率储备（HRR）控制练习运动量的方法

心率储备（HRR）=最大心率−安静心率

2. 查对表便可得出具体的评价标准（仅供参考）

素质水平	素质较低	中等素质	素质较高
最小心率	40%HRR	60%HRR	70%HRR
要达到的心率	60%HRR	75%HRR	80%HRR
不宜超过的心率	75%HRR	85%HRR	90%HRR

3. 不同素质学生的练习处方

例如，一名14岁的学生，他的最大心率为220−14=206次/分。如果他的安静心率为68次/分，则他的心率储备为206−68=138。如果做完练习后他的心率为90次/分，那么他只达到储备心率的66%（90÷136×100=66%），这个强度对素质中等的学生来说运动量偏低了。

三、最适合运动心率

最适合运动心率=心率储备×（60%-80%）+安静心率

例如，一名15岁的学生，他的最大心率为220-15＝205次/分。如果他的安静心率为70次/分，则他的心率储备为205-70＝135。他最适合运动心率=135×（60%—80%）+70=151-178次/分。（注：60%—80%表示60%至80%范围之间）

【尝试与评价】

请你对照检查，看看自己平时练习的强度是否科学？

> 我今天足球运动已达到储备心率的＿＿＿＿＿%
>
> 改进计划：1. ＿＿＿＿＿＿＿＿＿＿＿＿＿
>
> 　　　　　2. ＿＿＿＿＿＿＿＿＿＿＿＿＿
>
> 　　　　　3. ＿＿＿＿＿＿＿＿＿＿＿＿＿

第二节　足球运动员最易受伤部位和急救方法

一、擦　伤

人的肌体表面与粗糙物体相互摩擦而引起的皮肤表层损害，称为擦伤。

运动员在相互对抗时，脚背、手、臂、口、眼、鼻都有可能出现擦伤。如果擦伤面积较小，可用0.1%的新洁尔灭溶液涂抹；若擦伤面积较大，需用2.5%的碘酒和75%的酒精在伤口周围消毒，再用生理盐水棉球涂抹并除去伤口处的异物，然后用绷带进行包扎。

二、挫 伤

人体某部位受钝性外力作用而引起的局部闭合性损伤，称为挫伤。

运动员在互相对抗时，由于防守不到位，头部、躯干受到重击，或失衡倒地自我保护不正确，都有可能发生挫伤。如果局部仅有疼痛、压痛、肿胀、功能障碍等较轻症状时，可在局部冷敷新伤药，加压包扎、抬高患肢；如果出现骨折、肌肉或肌腱断裂时，应将肢体包扎固定后送医院进行治疗。

三、抽 筋

人们常说的抽筋，又称肌肉痉挛，是由于肌肉失去正常调节功能后不自主的强直性收缩的一种反应。在足球运动中，这种抽筋现象更多地出现在小腿腓肠肌处。造成抽筋的原因可能是运动过多，肌肉过于疲劳；或出汗过多，盐分丧失超量；或天冷肌肉发僵，受突然动作的强刺激等。尤其是大赛加时赛，场上球员发生抽筋现象比比皆是。当球员出现抽筋时，应停止运动，坐在地上，伸直大、小腿，将足前掌上跷，休息几分钟。如果抽筋比较严重则可平躺在地上，将大、小腿尽量伸直，足背上跷，让同伴帮助扳脚。

四、肌肉拉伤

肌肉拉伤是在外力直接或间接作用下，肌肉过度收缩或被动拉长而导致肌纤维断裂。例如，突然快速起动、大力射门、激烈对抗、突然滑倒或其他突然用力过猛的动作。足球运动中所发生肌肉拉伤的主要部位通常是在腿前、后肌群和小腿三头肌。相关数据显示，几乎所有的球员都曾有过肌肉拉伤。

拉伤后会有局部疼痛、压痛、肿胀、肌肉紧张、发硬、痉挛以及功能障碍。其正确的做法为，第一时间停止运动，不要揉搓！不要热敷！否则容易导致局部血管扩张，血流加快，加重出血，加重局部的肿胀和疼痛。应在疼痛点敷上冰块或冷毛巾，一般保持30分钟，让小血管收缩，以减少局部充血、水肿。冰敷后用绷带适当用力包扎损伤部位，防止肿胀。此时最好让肌肉在伸展的状态下包扎固定，以防影响肌肉收缩，这是防止受伤的肌肉反复损伤最关键的一步。不要用扶他林等激素类药物，以免影响肌肉的韧性。

五、脚踝扭伤

在运动过程中，由于脚踝非正常向内、向外翻，外侧或内侧副韧带受到强大的张力作用，致使踝关节的稳定性失去平衡与协调，进而发生踝关节扭伤，以外踝损伤最为常见。脚踝内、外翻造成关节软组织撕裂，周围的软组织也会受伤充血，从而导致脚踝肿胀和疼痛。在受伤后的48小时到72小时以内，为防止内出血，应坚持冰敷。为阻止韧带发炎，还可在韧带撕裂的情况下止血。敷在脚踝上15—20分钟。起初三天内，每天做3—5次冰敷，每次敷冰块之间的间隔时间至少为30分钟。当脚或者脚踝看起来很白时，立即将冰块拿开，避免造成冰冻损伤。

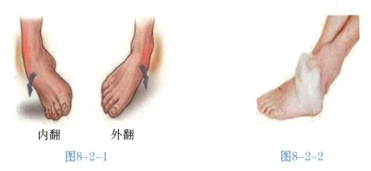

内翻　　　　外翻

图8-2-1　　　　　　　　　　　　图8-2-2

六、骨 折

强烈的扭曲动作或与球员发生身体接触会导致骨折，足球场上小腿骨折相对较多。即胫骨或腓骨骨折，胫骨是连接股骨下方的支撑体重的主要骨骼，腓骨是附连小腿肌肉的重要骨骼。

七、膝关节损伤

因场地不平、高速奔跑中急停或转身、对手冲撞等原因，很多人都经历过膝关节扭伤、膝部侧副韧带、交叉韧带撕裂或损伤。当急剧伸小腿并做强力旋转时，半月板尚未来得及前滑就被膝关节的上下关节面挤住，往往会带来不可逆的伤害，如半月板损伤。

八、十字韧带撕裂

十字韧带撕裂是最令足球运动员感到恐怖的伤势。十字韧带的大体位置位于膝盖的内侧，由于纤细薄弱很容易造成运动型拉伤，而且这个关节位置始终处于频密的活动状态，一旦受伤就很难痊愈。更重要的是这种伤势除非特别严重，否则并不会在第一时间就让球员感到难以坚持，而一旦在十字韧带受伤后继续运动会产生难以估量的伤害性损失。

以上六、七、八三类受伤后应马上固定受伤部位，进行进一步专业治疗。如果受伤严重，则不要尝试矫正或者移动伤者受伤部分肢体躯干，应尽快寻求医护人员的帮助。

【尝试与评价】

平时运动时，发生运动损伤时应如何急救？

第九章

校园足球政策文件

第一节 广州市体育中考足球项目考试方法和评分标准（讨论稿）

一、考试方法

1. 场地设置

（1）在颠球区线中点处，画一条长9米的垂直线，距离颠球区线的4米处为第1支标杆，共5支标杆，各标杆间距为1米，标杆固定垂直插入地面，地面上标杆高1.5米；第6、7支标杆分别以颠球区线中点往左、右延伸3米处，与之垂直的13米、16米处。

（2）在第5支标杆处，往左放置2个标志桶，往右放置1个标志桶，各标志桶间距为1.5米。距左方远端标志桶的4米及5米处，画两条垂直于标志桶的传球区线（A、B），在A传球区线中点处往外延伸4米处，与虚线夹角为30度的位置，分别设置2块5米长、0.5米高的挡板，挡板与虚线相交点为挡板点。

（3）第5、6个标志桶分别以传球区线中点往左、右延伸3米处，与之垂直的14.5米、11.5米处。

（4）球门距绕杆运球区8米。

场地设置图见图9-1-1，测试路线图见图9-1-2。

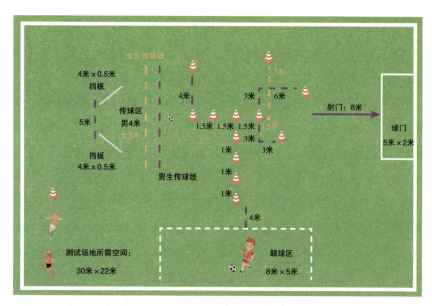

图9-1-1

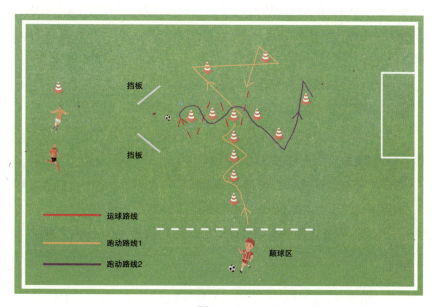

图9-1-2

2. 测试方法与要求

（1）考生先从颠球区（含线上）颠球累计（男）10个、（女）5个后，紧接着进行障碍跑、传球、运球绕杆、射门。考生统一采用手抛球方式开始颠球，脚触球开始计时，颠球完成后使球停到颠球区，完成障碍跑至传球区，完成2块挡板的传球，即为完成传球项目。随后可运球绕杆，运球绕杆须从起点线外开始运球，运球逐个绕过标杆后射门，球越过球门线且跑至终点处即停表。

（2）考生每人测试2次，采用电子计时技术，按规定计取成绩。

（3）考生须采用单脚连续颠球、双脚交替颠球的方式进行颠球，必须用脚背正面、脚外侧、脚内侧颠球，其他部位颠球不计颠球次数。若单脚连续颠球，踢球脚在触球一次后必须要触地一次，否则不计入颠球次数。颠球过程中球着地，必须用手在颠球区内重新抛球，连续颠球2个以上才计次数，失误后次数累计。若（男）第9个、（女）第4个出现失误，则（男）第10个、（女）第5个可允许颠球1个，完成（男）第10个、（女）第5个后，球须用脚停在颠球区内方可进行障碍跑、传球、运球绕杆、射门，否则不计成绩，颠球数量以考官的报数为准。传球须从传球线外进行，与挡板接触反弹回传球线后则完成一次，若不能反弹到传球线后，考生自行运球至传球线后，需要分别完成2块挡板的传球方可完成。

（4）考生在完成颠球项目后再次用手触球、越线传球、运球漏杆，均不计成绩。射门未进的，可允许自行运球补射。

（5）计取成绩得分时，以成绩对应的得分计取，若计时成绩在评分标准的两个相邻分值之间，则取其中较低的分值评分。

（6）考生须穿布面胶粒钉足球鞋参加测试。

（7）除颠球外，传球、停球、运球、射门的技术不限。

（8）测试用球男女统一标准为4号足球，其压力为0.6个大气压力（海平面上）。

二、百分位数评分标准（见图9-1-3）

男生百分位分数（秒）	百分位	女生百分位分数（秒）	男生百分位分数（秒）	百分位	女生百分位分数（秒）	男生百分位分数（秒）	百分位	女生百分位分数（秒）	男生百分位分数（秒）	百分位	女生百分位分数（秒）
35.76	99	37.22	43.26	74	45.55	47.86	49	48.8	52.92	24	52.2
35.91	98	38.55	43.45	73	45.69	48.13	48	48.95	53.38	23	52.35
36.10	97	39.43	43.68	72	45.84	48.31	47	49.1	53.95	22	52.5
36.16	96	40.08	43.94	71	45.99	48.36	46	49.19	54.04	21	52.69
36.92	95	40.62	44.21	70	46.14	48.80	45	49.34	54.06	20	52.84
37.42	94	41.01	44.42	69	46.24	49.15	44	49.44	54.18	19	53.04
37.45	93	41.41	44.55	68	46.38	49.28	43	49.59	54.42	18	53.24
37.92	92	41.75	44.70	67	46.53	49.29	42	49.69	54.74	17	53.38
38.33	91	42.1	44.79	66	46.68	49.38	41	49.83	55.07	16	53.58
38.81	90	42.39	44.93	65	46.78	49.67	40	49.93	55.34	15	53.83
39.54	89	42.64	45.24	64	46.93	50.08	39	50.08	55.55	14	54.02
39.65	88	42.89	45.54	63	47.07	50.50	38	50.23	55.55	13	54.27
39.70	87	43.13	45.81	62	47.17	50.58	37	50.33	55.86	12	54.52
39.77	86	43.38	46.03	61	47.32	50.72	36	50.48	56.37	11	54.76
39.79	85	43.58	46.05	60	47.47	50.99	35	50.62	56.46	10	55.01
39.83	84	43.82	46.07	59	47.57	51.16	34	50.72	56.52	9	55.31
40.07	83	44.02	46.15	58	47.72	51.31	33	50.87	56.75	8	55.65
40.67	82	44.17	46.28	57	47.81	51.46	32	51.02	57.10	7	56
40.75	81	44.36	46.62	56	47.96	51.78	31	51.17	57.12	6	56.39
40.79	80	44.56	46.87	55	48.06	52.12	30	51.26	57.54	5	56.78
40.81	79	44.71	47.03	54	48.21	52.43	29	51.41	58.32	4	57.33
40.90	78	44.91	47.14	53	48.31	52.45	28	51.56	59.25	3	57.97
40.98	77	45.05	47.32	52	48.45	52.67	27	51.71	59.49	2	58.86
41.61	76	45.2	47.46	51	48.6	52.82	26	51.86	59.51	1	60.19
42.50	75	45.4	47.51	50	48.7	52.83	25	52			

图9-1-3

第二节　体育、艺术"2+1项目"中的校园足球

"2+1项目"是教育部为了落实《教育振兴行动计划》，落实德智体美全面发展的教育方针，推动学校体育和美育的改革与发展而逐步推进的一项重要工程项目。其含义是通过学校的课内外体育教育和艺术教育活动，让每个学生都能较好地掌握两项运动技能和一项艺术技能。

一、实施"2+1项目"的基本原则

1.实施"2+1项目"要以促进学生的全面发展为指导思想，要切实树立终身体育的思想，根据健康发展的需要和学生的体育锻炼的需求，系统地设计能切实提高学生运动技能和锻炼能力的内容和方法体系。

2.实施"2+1项目"要以深化学校体育、艺术教育课程和教学改革为核心，要积极贯彻新的教育理念，积极推进《课程标准》的实验和相关的教学改革，

要设立适当的体育、艺术选修项目，最大限度地提高学生参加体育锻炼、运动训练和艺术活动的兴趣，有效地提高学生的运动技能和艺术技能水平。

3. 实施"2+1项目"要以建设有特色的体育、艺术教育课程为基础，逐渐形成各具特色的体育、艺术活动内容体系，形成学校的体育、艺术项目传统。

4. 实施"2+1项目"要以提高体育、艺术教育师资的业务水平和教学能力为先导，要通过转变观念的教育和各种业务培训，提高广大体育、艺术教师的教学能力，以满足"2+1项目"对教师教学技能的较高要求。

5. 实施"2+1项目"要以大力改善体育锻炼和艺术活动环境为必要条件，要根据推进"2+1项目"的需要，加强各校体育、艺术场馆的建设和体育、艺术器材的配备，要在加大教育投入的同时，合理地配置体育、艺术教育资源，以满足"2+1项目"对体育运动和艺术活动条件的新要求。

二、"2+1项目"足球技能标准（其他略）

项目	水平年级	性别	技术指标	评价等级			测试方法和要求
				优秀	良好	及格	
足球	水平二（3—4年级）	男生	颠球（个）	7	4	2	不限部位连续一次性颠球，不限时间
			运球（秒）	4.08	4.90	5.83	连续直线运球20米
			射门（个）	5	3	2	距球门线10米处连续射5次定位球
		女生	颠球（个）	6	4	2	不限部位连续一次性颠球，不限时间
			运球（秒）	4.56	5.19	5.92	连续直线运球20米
			射门（个）	5	3	2	距球门线10米处连续射5次定位球
	水平三（5—6年级）	男生	颠球（个）	7	4	2	正脚背连续一次性颠球，不限时间
			运球（秒）	3.93	5.08	6.41	连续正脚背或外脚背运球25米
			射门（个）	5	4	3	距球门线12米处连续射5次定位球
		女生	颠球（个）	6	4	2	不限部位连续一次性颠球，不限时间
			运球（秒）	5.13	6.3	7.71	连续运球20米
			射门（个）	5	3	2	距球门线10米处连续射5次定位球

续　表

项目	水平年级	性别	技术指标	评价等级			测试方法和要求
				优秀	良好	及格	
足球	水平四（7—9年级）	男生	颠球（个）	10	6	4	正脚背连续一次性颠球，不限时间
			10米往返运球绕杆（秒）	7.06	10.91	15.33	距离10米内放置障碍桶（或旗杆）5个，每个相距2米。从起点带球绕5个障碍桶后，迅速带球回起点。
			射门（个）	5	4	3	距球门线16.5米处连续射5次定位球
		女生	颠球（个）	7	4	2	不限部位连续一次性颠球，不限时间
			运球绕杆（秒）	8.76	12.83	17.49	10米往返
			射门（个）	5	3		

三、"2+1项目"实施办法

1.《"2+1项目"体育与艺术技能标准》（以下简称《标准》）作为全国性的实验标准，首先在15个课外文体示范区实验，也欢迎实验区之外的地区或学校参与实验，今后全国推广实施还需要在实验中不断调整修订。

2. 本《标准》采取学校认定的办法，技能标准力求简明易行，体现激励机制，鼓励学生积极参与，努力达标。

3. 本《标准》的认定，应由校长、班主任负责，充分发挥体育与艺术教师的业务能力与专长，全面科学地进行认定工作。

4. 为使更多的学生参与"2+1项目"达标活动，应鼓励学生通过体育艺术课程的学习，通过参加课外文体活动、社会文体活动及家庭教育等多种活动方式，获得项目认定。

5. 本《标准》虽然以技能为主，但认定中应参考学生的兴趣、态度、知识的修养等全面表现，以促进学生对项目的关注，并终身受益。

6. 本《标准》的认定工作，不分年级、时间、项目，可由学生申请后安排认定，鼓励学生选择每一个项目。

7. 认定应采取本人现场表演、创作和测试等方法进行。美术类还应按照

《标准》规定数量的作品进行认定。学生获得项目认定后，可由学校在成绩册中设"2+1项目"认定专栏并加以评定。

8.凡本《标准》中没有列入的项目，可由学校根据本地本校的实际情况，参考相似或相关项目的技能标准，加以考评认定。

附 录

附录1 广东实验中学初中三年足球教学计划

<table>
<tr>
<td rowspan="2">教学目标</td>
<td colspan="3">1.学习并掌握停、传、射、控等基本足球技术和技术组合，能够在运动与对抗中进行运用。在课内外足球练习和比赛中提高技、战术的实战能力。
2.全面发展身体素质，发展多种与足球运动相关的灵敏、速度、力量、心肺耐力能力。
3.深入了解足球竞赛规则、裁判知识等理论知识，学会观赏和简单分析足球比赛。能够理解并应用足球运动中常用的动作术语或战术术语。
4.掌握足球运动中有关安全避险的知识和简单处理方法，学会保护自己和他人。
5.通过体验多种多样的足球活动获得运动乐趣，初步形成积极向上的体育态度，养成参与足球运动的锻炼习惯。培养团结拼搏、不怕苦不怕累的作风，并养成良好的体育道德及人际合作精神</td>
</tr>
<tr>
<td>学期</td>
<td>达成目标</td>
<td>教学内容</td>
<td>考查内容</td>
</tr>
<tr>
<td>七年级（上）</td>
<td>1.帮助学生了解足球运动的发展史，了解我校校园足球发展史，了解足球运动的项目特点，纠正学生对规则的一些错误认识。
2.培养基本球感，掌握正确的发边线球动作。
3.掌握正脚背颠球动作，能运用脚内外侧运控球。
4.全面发展身体素质，提高足球专项身体素质</td>
<td>1.球感练习。
2.发边线球。
3.正脚背颠球。
4.脚内外侧直线运控球。
5.专项身体素质练习</td>
<td>1.正脚背颠球。
2.脚内外侧直线绕杆</td>
</tr>
<tr>
<td>七年级（下）</td>
<td>1.掌握脚内外侧颠球动作，体会头球动作。
2.改进并提高脚内外侧运控球技术，掌握脚内侧传接地滚球动作。
3.全面发展身体素质，提高足球专项身体素质。
4.了解足球项目所需的身体体能和心理素质，略懂体能训练方法</td>
<td>1.足球专项步伐练习。
2.脚内外侧颠球。
3.头球。
4.脚内外侧曲线运控球。
5.原地脚内侧传接地滚球。
6.专项身体素质练习</td>
<td>1.脚内侧地滚球传准。
2.脚内外侧曲线绕杆</td>
</tr>
<tr>
<td>八年级（上）</td>
<td>1.改进并提高脚内侧传接地滚球技术，增强脚内外侧运控球能力。
2.初步掌握脚内侧射门与正脚背射门的技术动作。
3.全面发展身体素质，提高足球专项身体素质。
4.培养学生的团队配合意识和团队精神</td>
<td>1.足球专项步伐练习。
2.运控传接组合练习。
3.脚内侧推射。
4.正脚背大力射门。
5.相关技术动作的足球游戏。
6.专项身体素质练习</td>
<td>1.专项步伐测试。
2.运球绕杆射门</td>
</tr>
</table>

续 表

学期	达成目标	教学内容	考查内容
八年级（下）	1.学习行进间传接球技术。 2.提高控球与传球能力。 3.提高射门能力。 4.初步了解《广州市体育中考足球项目考试方法和评分标准》。 5.培养良好的体育道德水平及顽强的拼搏精神	1.足球专项步伐组合练习。 2.行进间传接球。 3.传控球组合练习。 4.射门练习。 5.专项身体素质练习	传控射门组合测试
九年级（上）	1.巩固提高已学足球技术，提升各种传接、运控球、射门技术的运用能力。 2.全面发展身体素质，提高足球专项身体素质。 3.熟读《广州市体育中考足球项目考试方法和评分标准》，通过测试检验学习效果，使学生收获成功的喜悦	1.复习颠球。 2.复习单个技术和组合技术拆分复习。 3.专项身体素质练习	组合动作测试（完全按照《广州市体育中考足球项目考试方法和评分标准》进行）
九年级（下）	1.提升足球组合技术的能力。 2.全面发展身体素质，提高足球专项身体素质。 3.充分解读《广州市体育中考足球项目考试方法和评分标准》，查缺补漏，积极备考，争取取得好成绩	1.复习各种传接、运控球和射门技术。 2.专项身体素质练习 3.中考组合动作	参加广州市体育中考足球项目考试

注：每学期上课18周，初三年级体育中考前最多上课9周，每周1次足球课。

附录 2　初中足球模块学习评价

评价项目及分数比例	评价内容	自我评定	小组评定	教师评定	综合评定	总分	等级
运动体能（20%）	足球专项步伐						
运动技能（40%）	脚内侧踢球射门（地滚球）						
情意表现与合作精神（20%）	1.在活动中自信心强，勇敢顽强，并不断战胜困难，敢于自我展示。 2.公平竞争，胜不骄，败不馁，客观地对自己和他人进行评价。 3.在活动中理解、尊重、关心他人，有责任心，乐于与他人合作						

续 表

评价项目及分数比例	评价内容	自我评定	小组评定	教师评定	综合评定	总分	等级
学习态度与行为 （20%）	1.足球课上对待学习与练习活动表现积极，不随意中断练习。 2.遵守课堂纪律，不迟到，不早退，有事请假，提前到课堂。 3.足球课上服装穿戴整齐，不穿凉鞋、皮鞋，不戴对身体有害的尖利物品						

注：85—100分为优；75—84分为良；60—74分为及格；59分以下为不及格。

附录3　初中颠球评测标准

项目	水平年级	性别	技术指标	评价等级			测试方法和要求
				优秀	良好	及格	
足球	水平四 （七年级）	男生	颠球 （个）	5	4	2	不限部位连续一次性颠球，不限时间
		女生	颠球 （个）	4	3	2	不限部位连续一次性颠球，不限时间
	水平四 （八年级）	男生	颠球 （个）	7	4	2	正脚背连续一次性颠球，不限时间
		女生	颠球 （个）	6	4	2	不限部位连续一次性颠球，不限时间
	水平四 （九年级）	男生	颠球 （个）	12	8	4	正脚背、脚内外侧连续一次性颠球，不限时间
		女生	颠球 （个）	7	4	2	正脚背、脚内外侧连续一次性颠球，不限时间

附录4 足球教学（案例）

足球脚内侧传接地滚球教学设计（水平四）

广东实验中学　陈志坚

一、指导思想

本节课全面贯彻《新课标》精神与理念，执行广东省学校体育三年行动计划精神的要求，在教学过程中，突出学生的主体地位，重视学生合作学习和探究学习能力的培养；充分调动学生学习的积极性，强化学生的运动技能，并注意结合足球运动项目的特点，培养学生的团队意识与拼搏精神。

二、教学目标

1. 认知目标：通过学习脚内侧传接地滚球技术动作，激发学生对足球的热爱，养成终生锻炼的习惯。

2. 技能目标：80%的学生初步掌握脚内侧传接地滚球技术动作，发展灵敏、速度、协调等身体素质，提高学生体能。

3. 情感目标：培养学生的团队意识与拼搏精神。

三、教学内容

1. 足球脚内侧传接地滚球。

2. 课课练：体能练习。

四、教材分析

足球运动趣味性强，集体性强，竞争性强，锻炼效果明显，是学生特别喜欢的运动项目之一。脚内侧传接球是足球运动中最基本的技术，足球比赛中80%的传接球都采用脚内侧传接。

脚内侧传地滚球的特点是脚与球接触面积大，便于控制球，传球准确平稳。传接球时，支撑脚落位正确是成功的前提，用脚内侧触球是成功的关键，用力的大小和出球角度是成功的保障。所以，在平时练习时打下扎实的传接球基本功，对将来提高学生的足球水平有着很重要的作用。

五、学情分析

本课是本单元上的第一次课，足球的脚内侧传接地滚球基本技术为新授课。一般情况下，初中学生中，大部分男生喜欢足球运动，有些男生在校内外接触过足球的脚内侧传接球，一些男生和绝大部分女生不喜欢足球运动，他们几乎没有进行过足球运动，故在本节课内，引起这部分学生对足球运动的兴趣很重要。在学生零基础的前提下，从基础开始，结合游戏等方法开展教学，效果良好。

六、组织与教法

1. 通过体验练习，培养学生的自信心和参与运动的积极性。

2. 通过问题的设置，培养学生的探究学习能力。

3. 优秀生示范，教师予以点评。

4. 根据学生之间的差异，合理安排任务，进行分层练习，使学生在互帮互学中学习。

5. 通过各种练习手段，使学生对足球运动这一项目有更加深入的了解。

6. 课堂上播放动感音乐，以调动学生的学习积极性。

七、教学重难点

重点：支撑脚的正确位置和脚型及触球的部位。

难点：对球的控制能力。

八、教学流程

课堂常规→队列练习→准备活动→专项脚步练习→讲解示范→脚内侧传接地滚球练习→课课练→放松运动→课堂小结

九、运动负荷预测

练习密度：55%±5%　平均脉搏：135±5次/分　强度指数：1.4—1.5

体育与健康（水平四）足球传接球单元教学计划

教学目标	1.使学生学习足球的传接球基本技术和简单的战术配合。 2.使学生了解足球竞赛规则、裁判知识等；通过足球练习和游戏发展学生身体素质和技术能力；懂得欣赏和客观地评论足球比赛。 3.使学生学会利用足球活动去改善心理和生理状态，并从中获得乐趣；在练习或比赛过程中形成团结拼搏和不怕苦不怕累的作风，并养成良好的体育道德及合作精神		
课时	达成目标	教学内容	教学措施
1	1.初学脚内侧传接地滚球技术。 2.发展学生身体协调性。 3.发展学生灵敏、耐力素质	1.脚内侧传接地滚球。 2.课课练：体能练习	1.教师示范、讲解说明。 2.组织学生集体练习，教师进行巡回指导。 3.组织不同站位的练习方式。 4.分组分层练习
2	1.改进脚内侧传接地滚球技术。 2.发展学生的身体协调性。 3.发展学生的速度、耐力素质	1.脚内侧传接地滚球。 2.课课练：球性练习折返跑	1.教师示范、讲解说明。 2.组织学生集体练习，教师讲解，并指出重点、难点及易犯的错误。 3.优秀生示范，教师启发学生思考，回答问题。 4.分组分层练习
3	1.提高脚内侧传接地滚球技术。 2.发展学生的身体协调性。 3.发展学生的速度、耐力素质	1.脚内侧传接地滚球。 2.课课练：球性练习折返跑	1.教师示范、讲解说明。 2.组织学生开展集体练习，教师从旁讲解，并指出重、难点及易犯的错误。 3.分层练习，合理安排任务，学生互学互评
4	1.复习脚内侧传接地滚球技术。 2.分组比赛，用实战检验学习效果	1.脚内侧传接地滚球。 2.课课练：分组比赛	1.组织学生复习，教师进行巡回指导。 2.利用障碍物设计传接球路线，增加难度。 3.分组比赛，教师担任裁判并进行巡回指导
5	1.初学脚外侧传接地滚球。 2.发展学生的身体协调性。 3.发展学生的速度、耐力素质	1.脚外侧传接地滚球。 2.课课练：冲刺跑	1.教师讲解并示范技术动作。 2.组织学生进行集体练习，教师从旁讲解，并指出重、难点及易犯的错误。 3.分层练习，合理安排任务，学生互学互评
6	1.改进脚外侧传接地滚球。 2.发展学生的身体协调性。 3.发展学生的速度、耐力素质	1.脚外侧传接地滚球。 2.课课练：冲刺跑	1.教师示范、讲解及说明。 2.组织学生进行集体练习，教师从旁讲解，并指出重点、难点及易犯的错误。 3.分层练习，合理安排任务，学生互学互评

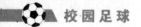

续 表

课时	达成目标	教学内容	教学措施
7	1.提高脚外侧传接地滚球的技巧。 2.分组比赛，实战检验学习效果	1.脚外侧传接地滚球。 2.课课练：分组比赛	1.组织学生进行集体复习，教师巡回指导。 2.组织不同站位的练习。 3.分组比赛教师担任裁判并进行巡视、指正
8	1. 复习脚内外侧传接地滚球。 2.分组比赛，实战检验学习效果	1.脚内外侧传接地滚球。 2.课课练：分组比赛	1.组织学生进行集体复习，教师巡回指导。 2.组织不同站位的练习。 3.分组比赛教师担任裁判并进行巡视、指正
9	1.进行项目测试。 2.评估学生的学习情况	脚内侧传地滚球传准测试（计时）	1.教师示范、讲解说明。 2.组织学生录入成绩，教师从旁计时。 3.利用障碍物设计传球路线，增加难度。 4.总结本单元的学习情况，并对学生提出希望和要求

广州市中小学体育与健康课时计划（教案）

学校	广东实验中学	班级	七年级	单元课次	1	执教教师	陈志坚
学习目标		1.认知目标：通过学习脚内侧传接地滚球技术动作，激发学生对足球的热爱，养成终生锻炼的习惯。 2.技能目标：要求80%的学生初步掌握脚内侧传接球技术动作，发展灵敏、速度、协调等身体素质，提高学生体能。 3.情感目标：培养学生的团队意识与拼搏精神					
学习内容	1.足球脚内侧传接地滚球。 2.课课练：体能练习						
重点	支撑脚正确位置和脚型及触球的部位			难点	对球的控制能力		
场地器材	场地：足球场。 器材：足球21个、障碍碟若干个、多媒体音箱1部						
安全措施	场地平整，器材摆放合理，准备活动充分						
教学流程	课堂常规—队列练习—准备活动—专项脚步练习—讲解示范—脚内侧传接地滚球练习—课课练—放松运动—课堂小结						

课的结构	达成目标	学习内容	学生活动	组织方式	教师活动	练习时间	练习次数	运动量
开始部分	1.执行上课常规。 2.培养学生的组织纪律性	1.体育委员整队，报告人数。 2.师生问好。 3.老师宣布本课内容和要求。 4.队列练习：齐步走—立定	1.学生随堂观摩。 2.队列练习： （1）严肃认真，精神饱满。 （2）动作整齐，步调一致	集合队伍图： 000……000 000……000 xxx……xxx xxx……xxx ▲（教师） 0：男生 x：女生	1.宣布课的内容。 2.要求： （1）遵守纪律，听从指挥。 （2）注意安全，积极参与练习。 3.安排学生。 4.队列练习	约4分钟		小
准备部分	1.充分活动身体的每个部位，降低肌肉的黏滞性，让身体机能进入运动状态，避免受伤。 2.激发学生的学习兴趣，发展下肢力量。 3.提高学生的身体协调性	1.徒手操（2×8拍）： （1）头部运动。 （2）肩部运动。 （3）体转运动。 （4）髋关节运动。 （5）腹背运动。 （6）正、侧压腿。 （7）膝关节。 （8）踝关节。 2.专项脚步练习： （1）向前脚步。 （2）前进后退。 3.慢跑	1.徒手操。 2.结合专项脚步，有序地进行穿插障碍物练习。完成后回到队伍后面等待下一组。 要求：重心半蹲。 次数：（2×2组）。 3.慢跑：学生呈两路纵队绕运动场慢跑	徒手操队形： 000……000 000……000 xxx……xxx xxx……xxx ▲（教师） 脚步练习队伍图如下： xxxxx | @@@@ xxxxx | @@@@ 00000 | @@@@ 00000 | @@@@ @：障碍碟	1.领操。 2.组织学生有序地围绕足球场进行慢跑。 3.引导学生有序地进行专项脚步练习	约10分钟		中

续 表

课的结构	达成目标	学习内容	学生活动	组织方式	教师活动	练习时间	练习次数	运动量
基本部分一	1.激发学生对足球的热爱，养成终生锻炼的习惯。 2.初步掌握脚内侧传接球技术动作，发展灵敏、速度、协调等身体素质，提高学生体能。 3.培养学生的团队意识与拼搏精神。 4.通过分组比赛与对抗游戏设置，检验学习效果。	1.学习足球脚内侧传接地滚球技术（以右脚为例）。 （1）脚内侧传地滚球技。 动作要领：直线上步，脚尖正对出球方向，支撑脚踏在球的侧方，大腿外屈，脚底与地面平行，脚尖微翘，踝关节紧张，用脚内侧击球的中后部，用推送或敲击的方法将球击出，然后身体随前动作。 （2）脚内侧接地滚球技术。 动作要领：支撑脚尖正对来球，接球腿大腿外屈，脚尖微翘，脚底与地面平行，脚内侧迎球。 ★安全教育： ①动作协调。 ②身体不要后仰。 ③接球时不要脚板底踩球，以防滑倒。	1.学生自由体会足球各种传接球技术动作练习。 2.男、女生呈两列横队集合，观看老师讲解、示范。 （要求：认真观看，注意动作的重、难点） 3.学生练习体会： （1）上一步踢固定球。 （2）原地小步跑后上一步近距离传接球。 （3）原地高抬腿后上一步稍远一点进行距离传接球。 要求：速度由慢到快，距离由近到远地逐渐增加练习难度。	传接球自主练习图见下图： 0　0↔0　0 0　　　0 0 ...... ▲：教师 x↔x x　　x 　　　　x x x　　　x ...... 讲解示范图见下图： 000......000 000......000 ▲⇄○ xxx......xxx xxx......xxx 传接球练习见下图： 000......000 ↑　　　↓ 000......000 　　　　　▲ xxx......xxx ↑　　　↓ xxx......xxx	1.组织学生学习脚内侧传接地滚球技术。 2.强调动作要领： （1）身体自然放松。 （2）上体稍前倾。 （3）传接球时脚内侧与球接触的位置，膝关节弯曲。 （4）注意踝关节的灵活变换。 3.巡回指导，及时纠正学生错误的动作。 4.结合学生示范点评。 5.表扬鼓励学生。	约15分钟		中

课的结构	达成目标	学习内容	学生活动	组织方式	教师活动	练习时间	练习次数	运动量
基本部分一	5.培养学生的团队意识与顽强拼搏的精神	（3）脚内侧接地滚球技术。动作要领：支撑脚脚尖正对来球，接球腿大腿外屈，脚尖微翘，脚底与地面平行，脚内侧迎球。 ★安全教育： ①动作协调。 ②身体不要后仰。 ③接球时不要脚板底踩球，以防滑倒。 2.男生进行分组比赛。 3.女生进行"捉老鼠"游戏。 ★安全教育： ①注意拼抢的动作不要太猛。 ②不要大力射门	（4）学生应用脚内侧传接球技术进行足球游戏活动。 A.男生5对5比赛：不设守门员，只允许用本课学习的脚内侧传接球技术进行进攻。 B.女生分四组进行"抓老鼠"游戏：只能用本课学习的脚内侧传接球技术进行。 要求： ①注意提高传球的准确度。 ②注意逐渐加快接球与传球动作的衔接速率	男生比赛、女生进行"捉老鼠"游戏图见下图： 男A队 男C队 〇 〇 男B队 男D队 ① ② ③ ④	1.讲解游戏规则及要求。 2.教师进行巡回指导，并提醒学生结合脚内侧传接球动作要领进行游戏。 3.安排学生担任裁判	约15分钟		中

课的结构	达成目标	学习内容	学生活动	组织方式	教师活动	练习时间	练习次数	运动量
基本部分二	1.通过体能练习，增强学生上肢及躯干力量，促进学生无氧耐力的提高。2.培养学生的组织纪律性、团队精神及顽强品质	1.男生进行立式俯卧撑及结合脚内侧传接球体能练习。2.女生进行立式跪卧撑及结合脚内侧传接球体能练习	1.学生成两列横队面对面进行练习。要求：（1）动作规范。（2）按老师要求大声报数。（3）注意呼吸的配合	课课练队形图：O o O O o O …… O o O x o x ▲：教师 …… x o x x o x o：球 O：男生 x：女生	1.组织学生进行体能练习。（1）分解练。（2）完整动作的练习。（3）加快速度的动作练习。2.用语言激励学生，调动课堂气氛	约6分钟		大
结束部分	1.调整身体机能。2.总结本次课，再次提出动作要点	1.放松运动。（1）慢跑。（2）拉伸。2.小结与课外作业的布置	1.放松运动。2.小结。3.师生说再见。4.归还器材	队列见下图：000……000 000……000 xxx……xxx xxx……xxx ▲（教师）	1.带领学生进行放松运动。2.小结本课的学习情况，表扬先进，指出存在的问题。3.安排学生归还器材。4.师生说再见	约5分钟		小
平均心率预计	135±5次/分		强度指数预计	1.4—1.5	练习密度预计	55%±5%		

续 表

| 运动心率曲线图预计 | 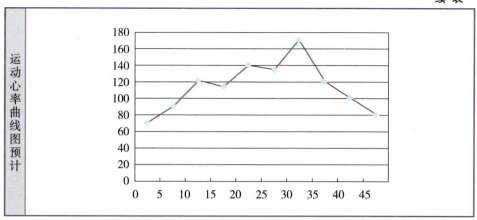 |

参 考 文 献

［1］国际足联.国际足联草根足球培训手册［M］.北京：人民体育出版社，2010.

［2］中国足球协会，全国青少年校园足球工作领导小组办公室.中国校园足球指导员培训教程［M］.北京：人民体育出版社，2015.

［3］尤尔根·布施曼，胡见图斯·布斯曼，克劳斯·帕布斯特.足球协调性训练完全图解［M］.裴志杰，译.北京：人民邮电出版社，2017.

［4］尤纳斯·考茨诺夫斯基.足球训练完全图解［M］.张力文，译.北京：人民邮电出版社，2017.

［5］中国足球协会.中国足协D级教练员培训手册［M］.北京：人民体育出版社，2017.